优秀教师培养：
和教学差距说再见
Closing the Teaching Gap

［美］唐纳德·B.巴托洛　著

陈　瑜　译

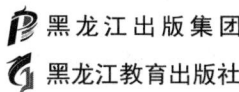

版权登记号：08-2017-055

图书在版编目（CIP）数据

优秀教师培养：和教学差距说再见 /（美）唐纳德·B.巴托洛著；陈瑜译. — 哈尔滨：黑龙江教育出版社，2017.4
ISBN 978-7-5316-9216-4

Ⅰ.①优… Ⅱ.①唐… ②陈… Ⅲ.①师资培养—研究 Ⅳ.①G451.2

中国版本图书馆CIP数据核字（2017）第096656号

Closing the Teaching Gap: Coaching for Instructional Leaders
Copyright © 2012 by Corwin
Chinese simplified translation © 2017 by Heilongjiang Educational Press Co., Ltd.
ALL RIGHTS RESERVED

优秀教师培养：和教学差距说再见
YOUXIU JIAOSHI PEIYANG: HE JIAOXUE CHAJU SHUO ZAIJIAN

作　　者	[美]唐纳德·B.巴托洛　著
译　　者	陈　瑜
选题策划	王春晨
责任编辑	王海燕
装帧设计	Amber Design 琥珀视觉
责任校对	张爱华

出版发行	黑龙江教育出版社（哈尔滨市南岗区花园街158号）
印　　刷	北京鹏润伟业印刷有限公司
新浪微博	http://weibo.com/longjiaoshe
公众微信	heilongjiangjiaoyu
天猫店	https://hljjycbsts.tmall.com
E-mail	heilongjiangjiaoyu@126.com
电　　话	010—64187564

开　　本	700×1000　1/16
印　　张	14
字　　数	163千
版　　次	2017年6月第1版　2017年6月第1次印刷
书　　号	ISBN 978-7-5316-9216-4
定　　价	33.00元

目录 / contents

序 ·· 1
前　言 ·· 1

第一章　教学差距 ·· 1
　　教学差距是什么 ··· 1
　　从教学差距中得到的经验 ·· 3
　　重视缩小教学差距的需求 ·· 8
　　反思日记 ··· 10
　　试试看：分析教学差距 ·· 11
　　领导班子活动 ··· 12

第二章　做正确的事 ·· 14
　　数据获得，而非数据驱动 ··· 14
　　建立信任 ··· 15
　　发现他人的优点 ·· 16
　　走进课堂 ··· 17
　　是知识，而非大纲 ··· 19
　　向优秀教师学习 ·· 20
　　向学生学习 ·· 23
　　没有充裕的时间 ·· 26
　　在课堂中尝试 ··· 30

  反思日记 ·· 32
  试试看：管理时间 ·· 34
  领导班子活动 ·· 35

第三章　为学生创造更好的学习机会 ····················· 37
  教学方法和学习机会 ·· 37
  学生怎样获得最佳的学习效果 ···························· 40
  方法与信念的对抗 ·· 44
  教学文化 ··· 48
  反思日记 ·· 60
  试试看：在方法背后隐藏着什么 ························ 62
  领导班子活动 ·· 62

第四章　帮助教师学到更多教学知识 ····················· 64
  概　述 ·· 64
  优秀的教学是什么 ·· 68
  选择最好的教学方法 ·· 70
  反映现实的镜子 ·· 74
  同事教学互审 ·· 75
  同事互相观摩 ·· 76
  教师主导的教学圈子 ·· 77
  教师主导的课程研究 ·· 79
  教师主导的学习和改进 ····································· 80
  反思日记 ·· 83
  试试看：以身作则 ·· 84
  试试看：询问教师 ·· 85
  领导班子活动 ·· 85

第五章　成功领导教学改革 87
概　述 87
调整实践与信念 90
改变不能让学生们成功的教学法 92
开拓"行为理论"视角 96
引领二级改革 99
克服对改革的抵制 103
反思日记 106
试试看：理论与实践相结合 107
领导班子活动 108

第六章　教学领导的自我发展 110
概　述 112
我是谁 112
连接，而不仅仅是交流 113
劝说与激励 115
提出并接受反馈 116
对评价和基于标准的责任制的反映 119
领导一场变革 120
对勇气的需要 121
反思日记 122
试试看：你的正确方向是什么 124
领导班子活动 125

第七章　共享教学领导能力 127
概　述 127
共享的教学领导能力巩固 129
年级和部门 132

合　　作 …………………………………………………… 134
　　工作关系 …………………………………………………… 136
　　活动中的共享教学领导能力 ……………………………… 137
　　为学校改革调整教学领导班子 …………………………… 139
　　反思日记 …………………………………………………… 143
　　试试看：现实核查 ………………………………………… 144
　　领导班子活动 ……………………………………………… 144

第八章　和教学差距说再见 …………………………………… 146
　　从成功的故事中学习 ……………………………………… 146
　　利用你的优势 ……………………………………………… 172
　　和教学差距说再见 ………………………………………… 176
　　试试看：给自己打分 ……………………………………… 178
　　领导班子活动 ……………………………………………… 179
　　最后的反思 ………………………………………………… 180

附录资源 …………………………………………………………… 182
致　　谢 …………………………………………………………… 183
参考文献 …………………………………………………………… 184

序

我们都知道，对于教育类的图书来说，最大的冲击就是新的想法。这些新的想法是否实用呢？你又会怎样看待它们呢？唐纳德·B.巴托洛（Donald B. Bartalo）是这样阐述的：虽然这本书只讲述了8个重要的改革原则的框架，但它也充斥着许多实用的策略。这些策略能够帮助人们有效地、有条理地把一个个好的想法付诸实践。

这些实际的想法既重要又详尽，巴托洛给出了很多有用的小贴士，告诉人们如何更好地管理时间，这也是一位学校领导所必备的重要能力。他详细描述了如何能够自主地开展一些关键活动，他也通过这本书使复杂的建议和观点变得更易理解，比如他对克里斯·阿基里斯（Chris Argyris）及其同事的工作行动理论的理解。

除了实用且丰富的建议和理论支持外，他还做了一些更深入的工作——找出每本书中重要且有用的部分：书能鼓励读者去实践。这本书充满了"我能行"的精神和引导思考的乐观精神，这确实是可行的，也是可以实现的。因此，不管是在语气还是内容上，这本书都能帮助读者在充满挑战的改革中继续前行，也会让读者有信心去相信改革的可行性。

通过提供一个又一个有用的处理方法，通过整理资深教育家的智慧和话语，通过帮助读者发现具体技巧以及抽象想法和理论之间的联系，通过每一个具体的成功故事，这本书能发挥很大的作用。用一句几年前流行的建材超市的广告语来说：你能做到，我们会帮你做到。

这是一本每一名学校领导都必备的书！

——格兰特·维金斯（Grant Wiggins）

前　言

对于过去10年来盛行的有关教育的辩论中，让我们很惊讶并感到遗憾的是，人们对教学和学校学习的本质关注得实在太少。

——《教育文化》，布鲁纳（Bruner）

学校领导们可以通过这本书学习到如何帮助教师改进他们的教学方法。它是基于这样一种信念：一名更好的领导能够为缩小教学差距做出贡献。这本书的关注点在于课堂教学的本质，并能为读者提供以下服务：（1）引导教学变革的新视角；（2）帮助教师向学生提供更多学习的理念；（3）辅助学生取得成功的已被验证的策略；（4）改进相关理论的实践结果的方法；（5）改进教学的领导手段；（6）拓展教学领导的方法；（7）加强自我改进的建议。这些都能够帮助读者成为一名更好的教学领导者。

当然，布鲁纳在1996年提出的教学辩论在今天仍然盛行着。然而，这些对话现在却被应用于一些非教学型的改革和政策，以至于我们忘记了"教学是对学生的学习负责的一项行为活动"。优秀的教学需要立足于美国改革运动的核心。想要提高学生的学习水平，就要付出努力来提高教师的教学水平。

我对于优秀教学的理解，是源于巴塔利亚（Battaglia）女士，她是我二年级的老师，她让我觉得我自己就是世界的探索者；库南（Coonan）小姐是我五年级的老师，她让我们对所学到的知识保持一种质疑的态度；里弗斯（Reeves）先生，我七年级的社会老师，他让我们讨论美国内战的导火索；柯林斯先生，我高中的科学老师，他帮助我们发现物理知识在家庭和学校生活中的应用。虽然他们当时的工作环境没有现在复杂，但是在他们身上始终不变的是：他们热爱教学，热爱他们所教授的课程。而我们正需要回归到这一点来进行思考和实践。

关于教学领导的信念

　　我已经和数以百计的学生、教师以及管理人员共同工作过，并在公共教育中尝试了每一种可行的方法。我观察到了一些很令人振奋的教学方法，并与教学领导们共同努力来提高教师的教学水平与学生的学习水平。我从他们身上受益颇多。

　　然而，最近几年，我发现教师们变得越来越失望和沮丧，连那些优秀的教师都觉得自己已经失去了教学的乐趣。这些教师跟我说，他们的失望要归咎于他们不得不耗费很多时间来为学生准备考试。类似的情况也发生在你的学校里吗？

　　作为教学领导能力的开发者和指导者，我知道许许多多的管理人员都很失望和沮丧，因为他们的大部分时间都不能在教室里。这些管理人员觉得受到了打击。领导责任的扩大和问责制让他们逐渐远离了原本的归属地——教室。

　　教学领导能力这一概念的提出源于对教师的一种支持和引导，让他们能够为学生做更多的事情。假借着学校改革的需要，这些领导被要求必须引导教学走向一个新的方向，却得不到任何利于他们自身成长和发展的支持。由于缺乏这样的支持，我想通过本书来强化教学领导能力的相关技能，并拓展一些有效的策略。通过在实际工作中应用这些技能和策略，你们会在学习和教学方面取得进步。

例如，我们可以观察优秀的教学。教学领导们需要培养观察的技能，并抽出时间多待在教室里。他们需要观察教师们是如何与学生交流、如何让学生对行之有效的学习方法产生兴趣的。当然，尽管关心学生很重要，但仅有关心是不够的。教师们必须知道自己要教什么、如何去教。我相信，正是学习与行动之间的特殊关系奠定了有效的教学领导实践的基础。这种关系也能帮助教学领导们消除我们在第一章提到的教学差距。

优秀的教学的目的和优秀的教学领导力的目的是一致的——让教师和学生得到最大限度的学习。这一目标的完成有着普遍的意义：

- 对于学生来说，意味着理解所学的知识，并与新知识相联系，最后学以致用；
- 对于教师来说，意味着帮助学生更好地学习，并为学生提供更多的学习机会；
- 对于父母来说，意味着他们能够找准自己的角色，为教师提供帮助，和学校保持密切沟通，并确保他们的孩子能够竭尽所能地学习；
- 对于校董事会成员来说，意味着他们能够认识到自己是一名决策人，并能够把这些认识应用到指导方针和决策的制定中，以便于加强和支持学生的学习和教师的教学。

只有我们着眼于如何提高教师的教学水平，才能实现这些目标。然而，往往课堂的实践不能帮助学生得到最好的学习。这也正是这本书实际上所面临的挑战。通过许许多多教师和教学领导的努力，那些在学校改革中被吞没的教学和学习的乐趣能够被再次点燃。这本书就是要帮助读者成为这样优秀的教学领导。

成为一名优秀的教学领导需要什么

虽然听起来有点消极，但是成为一名优秀的教学领导确实不容易。有很多事情会变得一团糟、难处理：众口难调、责任复杂艰巨，还有很多不同的想法。值得高兴的是，在这个过程中你可以得到自身的提升。但不好的一面是，你将不得对你原本的方式做出改变。

一个教学领导的工作和许多教师喜欢的教学方式是有交叉的，并且已经融入学校的教学文化。在这样的文化之中，有一群志同道合的教育家，他们致力于满足学生的需求，并改进未来的学习。在这样坚持不懈地努力的过程中，你会受益良多。

成为一名教学领导的8项基本原则

在这里，我会列出8项基本原则，它们是一名教学领导在成长过程中所必备的要素。这8项原则也是这本书的基本要素，是基于大量的有关教学、经验和常识的研究之上所提出的。每一条原则都会在随后的几章做具体阐述。作为一个整体，这8项原则就是一个教学领导为了帮助教师改进他们的教学方法必须做到的要求。

形成关于教与学的深刻认识

对于一名教学领导来说,没有什么比认识教与学更重要的了。这样的认识要立足于帮助学生更好地学习并获得教师的信任。这远远超出了对于知识的简单实践。课堂教学能够帮助他们更好地认识教与学,因此教学领导应多关注课堂教学。

从内部更好地了解学校的教学文化

要想成为一名优秀的教学领导,就必须能够应对教学改革进程中遇到的挑战。如果不能做到对工作现实心中有数,那么教学领导就会如履薄冰。从处理消极抵制到加强团队合作,在教学文化中引导学习的过程包括方方面面。一个成功的教学领导必须学会融入学校一贯坚持的教学文化中。

鼓励教师为学生创造更好的学习机会

学生的学习很大程度上依赖在课堂上获得的学习机会的质量好坏。为了鼓励教师为学生创造更好的学习机会,教学领导必须身体力行地投入关系的构建之中。当教师们感到被理解、被信任并参与到决策之中时,他们便会更愿意去尝试教学改进。一个优秀的教学领导要为其他人的行为和行动做典范。

和教师们一起改进教学方法以便帮助学生获得成功

对于一名教学领导来说,这是最艰巨的挑战了。然而讽刺的是,虽然每个人都知道寻找新的教学方法是多么迫切,但是这公认的教学改革却让很多教师觉得超出了他们现有的能力范围。这样的想法会让大家都渴望的教学改革被拖延、失败甚至束之高阁。一名优秀的教学领导能够认清教师对改革的渴望与调整领导职责之间的关系，并能够把这一点运用到实际当中。如果不能找到这之间的平衡点，那么改革极有可能走向失败。

帮助教师自我提高

当教师开始在实践中不断进步的时候，他们是需要得到支持的。对于一名教学领导来说，履行为教师提供帮助的诺言会收获教师们的信任。这里，为教师们提供的持续的支持和帮助包括：安全的环境供教师们尝试改革以及及时又细致的反馈。这样会帮助教师更有目的地巩固他们的进步、克服困难、取得成功。所以，教学领导要主动给教师们提供支持，并询问他们：你们接下来想学些什么？

帮助教师学到更多关于教学的知识

一名专业人员会按照他的现有知识行事。教师专业发展的最高水平是相互信任，也就是教师们可以在彼此的课堂里学习对方行之有效的教学方法。但是，很多教师很难做到这一点。因此，一名优秀的教学领导需要找到其他方式来帮助教师们学习与教学相关的知识。共同分析学生的作业是促进教师们对专业知识学习的好方法。同伴之间的相互观察需要一步一步地达成。

充分理解"怎样"背后的"为什么"

理论和实践的结合会产生更好的教学和更优秀的教学领导。也就意味着教师们掌握的知识要以学生为本。教学领导需要有能力去解释为什么某个教学方法、教学改革值得大家思考和借鉴。培养一种行动理论的视角能帮助教师更好地理解"怎样"背后的"为什么"。一名优秀的教学领导必须有能力把这些想法付诸行动。

在自我反思和教师反馈中进步

经验上的学习在自我完善的过程中应该位于前列。一名教学领导能够通过写日志并寻求教师们的反馈取得不断的进步。一名善于反思的教学领导能够根据最近的反馈调整他的领导工作。尽管教师们可能会羞于进行面对面的诚实的反馈,但是,一名优秀的教学领导会有办法解决这个问题。

连接经验与工作

每当我和教学领导们开研讨会的时候,我都会说:"你们不是脑袋空空而来的,你们是带着最前沿的经验和知识来的,这些都能够帮助你们与新的知识相连接。"这就是学习的本质——建立连接。同样的道理也适用于这本书的阅读。阅读的时候,要以你的经验为基础,从而让自己成为一名优秀的教学领导。

不需要别人来提醒你成为一名教学领导是充满挑战的。你要明白的是,帮助教师们尽可能多地为学生提供更好的学习机会是很重要的。当你能够做到这一点,那么学生就会学到更多的知识,而你也会有相应的成就感。但是,你还要清楚的是,尝试改进教与学的过程也会充满挫败感。

成为优秀教学领导的路有千百条,都需要你能够有一些新的想法和深思熟虑后的行动，这样才会把你带出过于安逸的状态。这本书能够帮助你解决这些问题。问题的困难程度也决定了你学习和获得知识的欲望。

当你通读本书的时候，你的工作经验就是你的教学实践。我希望书中的想法、建议、活动、工具和策略能够引导和帮助你成长为一名教学领导。

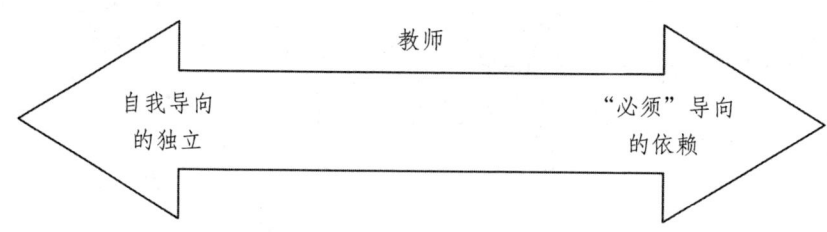

图1　关于教学领导能力的连续统一体

当教师们决定进行教学改革的时候，大多数学生便会得到更好的学习机会。没人会告诉教师他们应该开始进行改革了，教师们选择进行教学改革是因为他们知道自己的教学方法可能不适合学生。这就是教学领导的最高层次，因为它来源于教师对课堂教学的责任感。自我导向式的改进是很优秀的品质。

同样的道理也适用于校长。为了提高学生的积极性并帮助他们收到更好的学习成果，校长需要把教师组织到一起来研究一个教学方案，并开展项目化的活动。当教师或者行政人员把工作重点放在改进教学方法上时，自我导向式的改进就会变得尤为重要。因为它是很多教师都需要具备的教学领导能力。

然而，很遗憾的是，在大部分的教室里，孩子们都是坐在排列整齐的课桌后面，听着枯燥乏味的课程，因为他们必须积极主动地参与学习过程。虽然这不是一件好事，但是它却代表了教学领导能力的连续统一体的另一端。

所以，我想说的是，当学生的学习需要得到改进的时候，其实教师们的教学领导力也是需要改进的。尽管这种需求能够由教师单独完成，却更需要同事和教学领导的支持和引导。斯蒂格勒（Stigler）和希尔伯特（Hiebert）认为："学校的体系必须能够支持教师进行教学改进，因为教师是消除教学差距的关键所在。"同时，可以确定的是——学生们应该接受高质量的教育。

关于本书

我写这本书的原因在于，我相信我们在美国公共教育方面探索的正在寻求的目标只能通过改进教育现状来实现。环顾你的学校，扪心自问：现在的教学是否和我们说的为了学生更好地学习相匹配呢？在绝大多数情况下，我们很容易预测这个问题的答案，那就是"不匹配"。我们努力的目标应该是让这个问题的答案是"匹配"。有效的、专注的教学领导能够帮助实现教学和公共教育的转型。

这本书展示了一个教学领导需要改进的各项行为。它既能告诉读者"做什么"，也能教读者"怎么做"。作为一名教学领导、领导能力开发者以及指导员，大量的教学研究和我多年来的实践经验为本书的内容提供了坚实的基础。

对于校长、校长助理和教师们来说，这本书就是教学领导、教学监督助理以及其他负责学校教学水平提升的领导们。面向像你们一样的新人，这本书的读者们在教学领导能力方面有着相似的背景和经验。在我们的共同努力下，基于我们相似的背景和经验，我相信这本书能够帮助你成为一名更加优秀的教学领导。

当你通读本书的时候,你会感觉自己接受的是一对一的指导,而事实也的确如此。这本书的内容包含了教学领导需要完成的任务。所以,虽然实现真正意义上的一对一的指导是不可能的,但是这本书确实能够帮助你在实践中不断反思。这种方式跟指导和训练的过程是很相似的。这种互动的方式能够给你提供一些框架,帮助你更好地成长为一名教学领导。你对工作的理解需要和现实相互补充。就像没有任何一堂课是完美的一样,没有任何一名教学领导是完美的。

作为一名教学领导,本书不仅能够帮助你验证当前的方法,还能拓展你的思维。通过个性化模拟你所处的工作环境,本书能够帮助你进行学用结合的元认知交换,并挑战你现有的想法和行为。如果认真阅读,这本书还会帮助你更快地抓住你想要了解和实现的方面,这些都能帮你成为一名优秀的教学领导。你不需要去尝试别人的策略。相反,你可以运用这本书来开发和计划自己的策略,来改进教学方法,并消除教学差距。

本书是怎样构成的

在这本书的每一章,你会发现相同的要素。每个要素都能辅助你更好地理解接下来要讲的内容。我写这些要素的目的是帮助你对教学领导工作有一个更深入而准确的了解。这些要素有:

经验之谈

人们常说,经验是最好的老师。在这本书中,读者将有机会来自我验证这句话。这本书包含了5名教学领导的看法,这些看法帮助他们对教学进行了相应的改进。这些经验加起来超过了150年,是从城市、乡村和郊区的不同学区中总结出的。

这5名教学领导很亲切地和我们分享了他们的想法和成为一名优秀的教学领导所付出的努力。下面,我会分别简单介绍一下每一位教学领导的背景。

阿迪斯·塔克(Ardis Tucker)

她35年的经验包括:教学顾问、教学监督助理、语言艺术主任、阅读教师、教师领导以及任课教师。阿迪斯主要是在乡村和郊区的学校工作。作为一名教学领导,她努力营造课堂学习氛围,来帮助每一名学生发挥出他们的潜能。

安妮塔·克拉克(Anita Clark)

她33年的职业生涯包括:教学领导与教育顾问、校长、阅读指导、教师领导以及任课教师。安妮塔主要是从事郊区和乡村的教育工作。她和教师们共同确定了学生学习的内容和教师的教学方法,以期望能帮助学生更好地学习知识。所以,她认为自己是一名教学领导。

安东尼·詹纳维拉（Anthony Giannavola）

在他32年的职业生涯中，他的工作主要是乡村学校的校长、校长助理以及任课教师。作为一名教学领导，安东尼不断地激励教师提升教学能力。

杰伊·科斯坦萨（Jay Costanza）

杰伊30年的工作经验包括：教学领导、教授助理、教师主管以及任课教师。他主要从事城市教育工作。他自认为是一名教学领导，因为他有能力引导和帮助教师与管理者更好地理解学生的学习，以期望全校的学生都能得到进步。

比尔·戴维斯（Bill Davis）

在他超过32年的职业生涯中，他所担任的工作是：教学领导顾问、校长以及任课教师。他主要在乡村和郊区学校任教。作为一名教学领导，他的工作着眼于关于学生学习的会谈和活动。

教学领导指的是那些有学习能力的人。他们是高级教师，能够进行一系列的反思性实践活动。

—— 安东尼

这5名教学领导并不是伪装成专家。他们每个人都会告诉你一名教学领导的成长是充满挑战的。在某种意义上，他们是开拓者。在公共教育中，他们完成了学校领导从学校管理者到教学领导的过渡。如果不充分学习，你是很难完成这样的过渡的。当你读到他们的话语时，要反思自己作为一名教学领导的成长经历。用他们的话语来检验并反思你的实践工作。当我在同一时间指导多名教师时，我会让大家进行协作反思。我们要让这些"经验之谈"成为我们的合作之源，并从中汲取养分。

案例分析

本书包含了大量的案例分析，这些案例都是多年来在实践过程中碰到的真实问题。本书通过案例分析来展示某个特定的观点或概念。运用案例分析的原因是它能帮助你在真实的环境中进行自我评价。在这个过程中，你可以运用你的经验和领导职位作为参考标准。所以，与其说案例分析是教学，倒不如说它是一种反思。这些案例分析会形象化地让你明白在相似的情形下你要做什么。你可以随时记下自己对这些反思性问题的对策。笔记会帮助你厘清思路和为将来想出更多可选方案。

脑中测验

所谓的脑中测验，类似于小型的个人挑战，来帮助读者用更客观的方式检验对内容的理解，脑中测验的答案见附录资源。

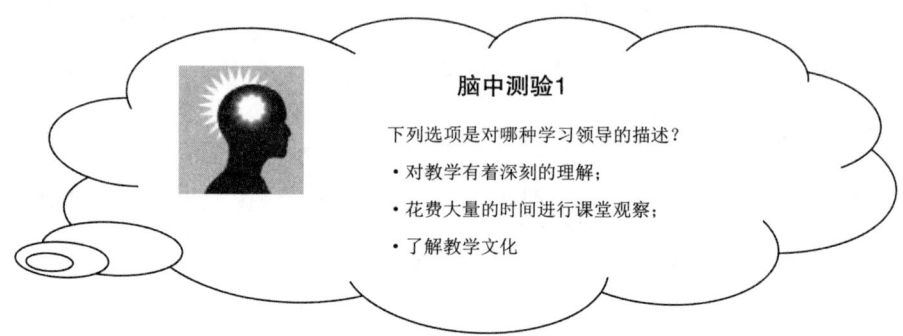

脑中测验1

下列选项是对哪种学习领导的描述？
- 对教学有着深刻的理解；
- 花费大量的时间进行课堂观察；
- 了解教学文化

调查研究

在众多和学校相关并能帮助学生获得知识的因素中，领导能力仅次于课堂教学。

——利斯伍德（Leithwood）、西肖尔·路易斯（Seashore Lewis）、安德森（Anderson）、瓦尔斯特罗姆（Wahlstrom）

就像我上面展示的那样，每一章都有一个调查研究。它能够把你的注意力吸引到对某一个与教学领导力相关的研究。与改进教学相关的调查研究能够帮你证实你的想法。

例如，利斯伍德及其同事的研究是十分重要的，因为有效的教学领导能够为教学改进做出贡献。大家对于这一点是已经达成共识了的。但是，在几十年教学改革的奋斗中，大家都不太清楚的是教学领导力起到了什么作用，它的作用对于提高学生的学习有没有效果，对于优秀的教学领导力来说什么是最本质的要素。

这里，我要说的是，一名优秀的教学领导必须有和教学相关的科研知识,这样才能很好地立足于教学实践之中并负起相关的领导责任。通常来说,教师和其他的教育者依赖于教学领导的科研知识,以期望帮助他们制定重要的教学决策。所以,时刻关注科研的最前沿是有必要的。

反思日记

反思日记写在每一章的结尾部分。它由3~4个问题组成,这些问题与每一章的内容相关。反思日记的目的是强调成为一名反思型从业者的重要性。反思型从业者最先是由唐纳德·舍恩(Donald Schon)提出。

众所周知,专业人员通过行动来学习知识——也就是通过工作。在很多场合下,经验和反思相结合能够引导教学领导们的成长和发展。这样的深刻认识帮助你们在行动中反思,并解释了为什么教学领导既思维敏捷,又知道如何与教师们共同协作,为学生提供更好的学习机会。就这一点而言,反思是为未来着想的。

保持记周记的习惯是大有益处的,为了成为一名终身的反思型从业者,我的建议是每周抽出15分钟记录下你对工作的反思。周记的内容可以包括有成就感的事,也可以包括你在解决问题或制定决策时面临的挑战。你要时不时地回顾这些周记,因为这样你会收获关于成长为一名教学领导的实际想法。这是自我评估的一个最真实的形式。你们要记住文森特·梵高(Vincent van Gogh)在给朋友写信时说的话:"反思让我们认清自己。"

拓展学习

在每一章的结束部分，都会有两个拓展学习。作为一名教学领导，这一部分能够帮助你把自己所想、所学的知识直接运用到自己的工作中。第一个拓展学习是针对个人的，叫试试看。这一部分用下列的方式展示出来。

试试看是侧栏笔记，包括小技巧、建议以及为有经验的和正在成长的教学领导提供的想法。下面展示的就是个人拓展学习在本书每一章的作用。

你开始读一本指导你如何成为一名教学领导的图书，而这本书和大部分的图书都不同。通过阅读本书，你会获得直接和间接的指导，帮助你了解教学领导能力的各个方面。如果你愿意的话，这种下意识的指导是真实的。书中的内容是基于不同领域的教学领导的多年经验总结出来的。

你要充分利用这个机会，让自己接受最好的指导。你要愿意去从不同角度反思你所尝试的事情。想象一下：如果指导员就坐在你的旁边向你提问，给你反馈并提供支持，你会有什么样的反应？

当你阅读本书时，请尝试运用行动导向法。

第二个拓展学习是引导读者进行领导班子活动。有时候，当你在领导班子中用到这本书的时候，你会想要一些建议来帮助你解决团队学习过程中遇到的问题。所以，这部分的拓展学习就能帮助你最大化地运用本书。在书中这部分会以如下的形式展示。

后面的领导班子活动能够帮助你更好地了解每一章第二个拓展学习的作用。当你在领导班子中运用或拓展知识的时候，它就像一名向导。虽然它的格式很灵活，但它的结构能够帮助小组成员和团队领导在60分钟的研讨会中受益颇多。这部分拓展学习的目的是构建关于本书的思考与学习的活动。

领导班子活动

引导共同学习

目　的

首先要明确目标：

- 了解对于一个团队中的教学领导来说一起探索某个话题或观念是多么重要；
- 把一些活动更形象化，以便于把研讨会的学习转化成对现有的教学领导力实践的理解。

视　角

学者们已经做了很多研究，并强调了专业学习团体的重要性，很遗憾的是，很少有研究证明这一概念要大大优于简单的同事关系。

挑　战

作为一名教学领导，要想做到高效就必须把一些好的想法付诸实践，这样才能提高教学水平。

计　划

制定一些基本的步骤，来量身定制一个研讨会。

个人与团队的联系

参与者会被要求把他们独有的关于领导能力的挑战与研讨会的内容相联系。

团队会提出两个基本问题:(1)我们学到了什么?(2)作为一名教学领导,我们要如何运用所学的知识来辅助我们的工作?

作为一名教育者,我经历了从幻灯片投影到智能黑板、从开放教育到程序教学以及从只做你自己的事情到强制性标准化的变迁。充分利用本书,让它帮助你成为一名优秀的教学领导。这本书和你的理念是一致的,希望学生们获得更好的学习。这些理念不仅立足于课堂观察和坚实的研究基础,还能指导你如何和教师们共同工作。当你成长为一名教学领导,你就会获得信心,因为你已经知道,通过帮助教师改进他们的教学方法可以缩小教学差距。

第一章　教学差距

我们所说的教学差距，指的是能够实现美国人教育梦想的教学与大部分美国学校现有的教学之间的差异。尽管我们观察到的大部分美国教师都能很好地贯彻美国现有的教育方法，但这些教育方法本身就存在着严重的局限性。

当人们意识到别的国家正在逐步改进它们的教学方法而美国却停滞不前时，教学差距就变得尤为重要。美国的教学总是在改革，却鲜有成效。在美国的课堂教学中，最令人担忧的问题不是我们现在如何教书，而是我们没有一个有效的机制来改进现状。而这恰恰导致了教学差距逐渐拉大。

——《教学差距》

斯蒂格勒、希尔伯特

教学差距是什么

斯蒂格勒和希尔伯特所写的《教学差距》一书是基于对两个国际上的教学研究的比较分析。尽管研究的是数学教学，但选择斯蒂格勒和希尔伯特的原因是他们的研究对教学有着前所未有的深入探讨。斯蒂格勒和希尔伯特改进教学的方法能够被直接应用在各个学科。通过对日本、德国和美国的课堂教学录像进行综合研究，他们得出了以下与教学领导能力相关的启示：

启示1　教学，而非教师，是关键因素。美国总是着眼于教师的能力因素，而不是教师们在课堂上应用的教学方法。如果教学方法不能促进学生更好地学习，那么即使是最优秀、最有能力的教师也无济于事。简单地说，教师在课堂上所说和所做的才能改善教学现状。例如，教学方法包括确定学生角色时教师的决策和选择、学生解决问题的方法、教师的提问、对概念的解释、布置的作业、演讲、微型课堂、示范、组织学习活动以及促进项目的实施等。教师们使用的方法大大影响了产生的相应结果。这一研究能够帮助教学领导从自身的课堂经验以及工作中学到更多的知识。作为一名教学领导，你所面临的挑战是如何帮助教师们学到更多关于教学的知识——这些是传统的专业化发展做不到的。如果教师们能够学会研究中所说的相关知识，那么美国的教育者就能够开始改变教师培训的相关文化。

启示2　教学是一项文化性的活动。关于各国的教学录像的研究表明，尽管各国的教学方法大有不同，但同一国家的教师使用的教学方法基本类似。斯蒂格勒和希尔伯特发现，课堂中所发生的事情取决于所谓的教学基因。在大部分的课堂中，教学方法通过文化密码一代一代传承下来。这种密码正是教师们不能自主进行教学变革的主要原因之一。因为教学改革并不是在真空中就可以完成，而是教学文化的一部分，复杂而又难以掌控，所以教学领导需要重视这一研究成果。认识到教学的文化性本质能够帮助教学领导走向成功。

启示3 斯蒂格勒和希尔伯特发现，尽管美国教师已经在竭尽所能地实施着改革的方法和意见，但很少有证据证明教学从实质上取得了进步。根据近几年来自第三国际数学与科学调查的影像研究，他们发现所谓的教学上的变革只停留在表面，并且很难对学生的学习方式产生深刻的影响。斯蒂格勒和希尔伯特表明，如果美国对改进学生的学习是严肃认真的，那么就必须开发一项基于课堂的教学体制来改进教学方法。他们认为，在课堂上应用此教学体制能够帮助教师们共同探讨有效教学的必要条件以及分享各自教学中的经验知识。这一结果对于教学领导来说至关重要。作为一名教学领导，你是帮助教师们学习更多知识并付诸实践的最佳人选。斯蒂格勒和希尔伯特指出，改进教学并不仅仅是推行新政策——关于这一点我们之前已经做了无用的尝试。改进教学真正需要的是教师自身的学习。我们需要赋予教师们更多的自我导向型学习的机会和权力。

从教学差距中得到的经验

基于对改进教学这一问题，我们提出了教学差距和成为更好的教学领导之间的相互关系。为了改进教学并获得更有效的课堂教学方法，斯蒂格勒和希尔伯特提出了一个大规模计划。对于教学领导和教育研究者来说，虽然他们的预期结果是相似的，但他们在尝试解决复杂问题这一方面是不同的。正如斯蒂格勒和希尔伯特在他们的书中所提到的，当教师和学生每天进出教室的时候，教学领导所面临的却是富有挑战性的任务，即改进教学这一严峻的问题。因此，本书的论点是：从教学差距中得到的经验可以帮助教学领导改进教学并获得最大限度的学习。

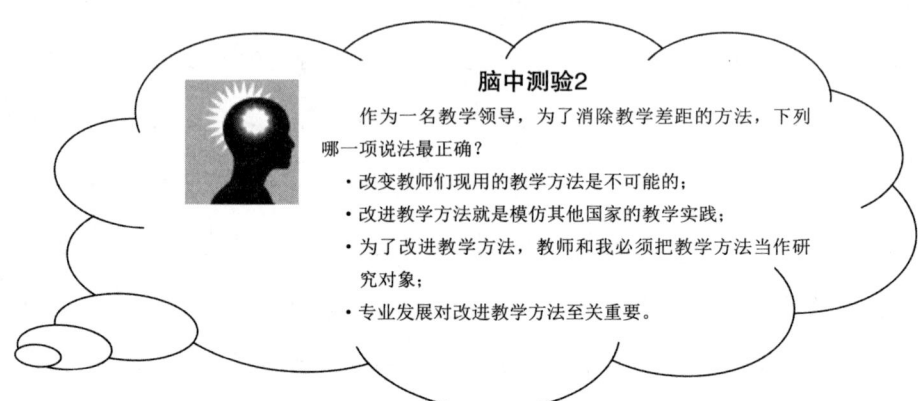

脑中测验2

作为一名教学领导，为了消除教学差距的方法，下列哪一项说法最正确？
- 改变教师们现用的教学方法是不可能的；
- 改进教学方法就是模仿其他国家的教学实践；
- 为了改进教学方法，教师和我必须把教学方法当作研究对象；
- 专业发展对改进教学方法至关重要。

　　1999年，斯蒂格勒和希尔伯特为全美范围的教学改进做好了准备。他们提出了6项所谓的循序渐进、可以测量的改进原则。正因为这6项原则和本书所提出的提高教学领导能力的目标是一致的，所以为了加强和巩固这一联系，我们将在这一章介绍一下这6项原则。值得注意的是，斯蒂格勒和希尔伯特认为合作学习法是改进教学的一种方法，它与这6项原则是完全吻合的。根据本书的目标，我们将从教学领导的角度对每一项原则进行回顾。

　　原则1　期望获得持续的、逐步的、递增的改进。由于教学内嵌于学校的文化环境之中，所以想要一夜之间发生巨大改变是不切实际的。作为一名正在成长的教学领导，你要了解这一原则的重要性。你可能见过很多教学举措来了又去，却没有任何能力上的提升能够体现在实际应用层面，换句话说，体现在教师的课堂教学实践中。作为美国人，我们并非因为我们的耐心而著名。相反，我们却常常表现出一种类似于配送快餐时的急切心态。这种心态体现在各个方面，甚至体现在我们对学生的教育层面。

原则2　不断关注学生的学习目标。良好教学的目标是学生的学习状况良好，作为一名教学领导，这一原则的影响是毋庸置疑的，并在过去的10年间体现得尤为突出。但是，在教学改革和学习成果改进的压力之下，实施新课程和新体制过程中的具体细节往往使学习愿景变得模糊不清。只有当学生对所教授的课程感兴趣时，学习才会取得一定的成果。所以对于教学领导来说，他们的挑战是如何帮助教师制造适当的学习机会来提高学生的学习能力，并激发学生的学习兴趣。大家想提高学生的考试成绩，而教学领导必须知道如何帮助教师提高教学水平。只有做到这些，教学方法才能够得到有效改进。

原则3　着眼于教学，而非教师。斯蒂格勒和希尔伯特的研究中，最有趣的部分就是所谓的教学脚本。作者认为，充满文化性质的脚本是教学模式的精神理想，这样的模式被教师们共享。在某一特定文化中，教师的角色又有很多相似之处。例如，在许多美国课堂中的一种模式是教师在教授核心课程之前检查作业。

因为教师们有着共同的精神脚本，所以预测他们的课堂模式就变得容易很多。这里，要强调的一点是：教师效能取决于他们所使用的脚本。就像教师在课前解释学生的错误一样，教学领导必须既了解嵌入教学中的模式，又明白这一模式是如何辅助改进教学方法的。

美国现存的问题是我们强调的是提升教师的能力，而非改进教师的教学方法。尽管教学领导们仍然对招募和维持优秀的教师感兴趣，但是他们必须把工作内容调整到开发有效的教学方法上来。这就意味着教学领导要帮助教师反思他们教学时做出的决策和选择。你们要这样思考这个问题——如果你能够改进优秀教师正在使用的教学方法，那么教学就会得到持久的改进。

原则4　在大环境中取得改进。作为一名教学领导，随着越来越多的教学改革计划逐渐着眼于基于课堂的教师学习，你已经见证了这一原则在实践中的应用。专业学习团体这一概念的产生证明了这一原则的效果。遗憾的是，仅仅学会如何合作是不够的。改进教学的大环境是复杂的，其中包括教师、学生、课程、分组、进度安排以及资源。在改进教学方法的进程中，我们需要考虑以上所有的元素以及其他影响课堂的因素。在教学改革实践中一次性尝试失败的原因在于忽视了上面提到的这些基本要素。如果只借助那些高水平国家的新方法就可以的话，那么我们早就成功了，事实是我们并没有取得成效。

斯蒂格勒和希尔伯特主张，当提到学生学习而非教师学习的时候，美国的教育家要了解大环境的重要性。尽管多年来不乏有关教师课堂学习的各类华丽辞藻，但是现在的教师学习仍然着眼于实施计划或基于数据制定决策，忽视了教学方法的改进。甚至在调整教学计划时，教学方法没有做出相应的调整。由于教学方法没有做到因学习内容而异，所以结果往往以失败告终。作为一名教学领导，要明白教师学习的重要性。还要清楚教师正在学什么以及这些对他们教学中做出的决定和选择有何影响。本书致力于帮助读者学习如何让课堂成为教师学习的依据。通过这样的方式，教师才能为学生创造更好的学习机会。

原则5　改进教师工作。教师要对学生的学习负责，对于教师自身的学习来说，他们是否肩负着同样的责任呢？这是每一名教学领导需要思考的问题。因为最终只有教师能够为改进教学方法提供解决方案。教师需要额外的支持来学习更多与教学相关的知识吗？当然需要。这样的支持并不意味着教师就不需要成为引导改革的主要动力。为什么理解这一问题对于教学领导来说很关键呢？就如同医生、护士与卫生保健的关系一样，教师与学习的关系也是最为密切的。在改进学生学习这一方面，教师起着至关重要的作用。本书的一个前提就是，通过提供恰当的支持和指导以及对教师的信任，教学领导能够成功地引导教学改革。教师是改进教学的关键，而教学领导则是帮助教师实施这些改进的关键。总之，教学改革必须发生在课堂上。

原则6　建立一个体制并从中获得经验。斯蒂格勒和希尔伯特设想了这样一个体制来帮助教师收获优秀教师学到的教学相关知识，并且能够跟大家分享。这样，其他教师可以尝试学到的新教学法。其他国家已经开始运用类似的体制，这一体制帮助教师们在各自的课堂中改进那些可行的以及行不通的知识经验。作为教学领导，这一原则意味着这一体制能够帮助共同改进教学方法的教师们记录并分享他们学到的知识。已经成型的教学方法需要大家共享，这也是合作与学习的焦点。通过建立这样一个改进教学的知识库，教学领导才能真正地发挥作用。

斯蒂格勒和希尔伯特提出的原则值得教学领导们运用与深思，这些原则能够帮助教师们改进教学。但是，我们需要知道，在美国除非调整教师学习的文化，否则学生的学习很难达到预期水平。图1.1展示了在美国为什么我们需要改进现有的方式来实现教师主导的教学改革。

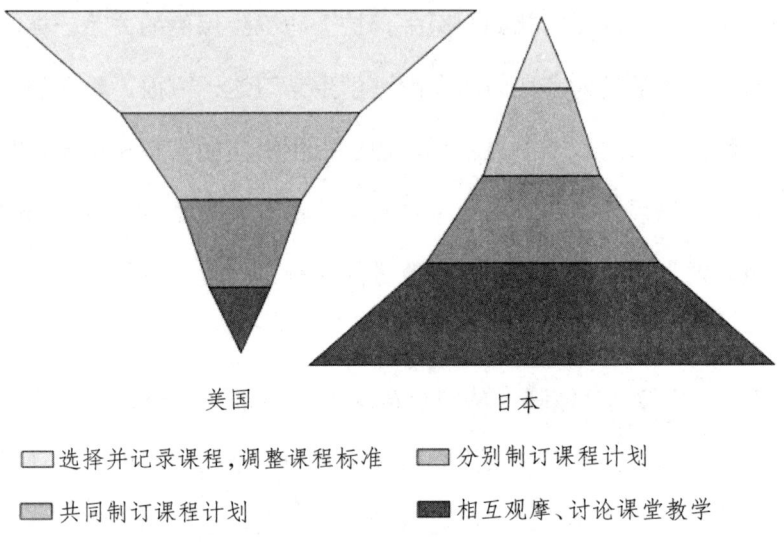

图1.1　教师改进教学的相关活动

上图清晰地展示了美国和日本教师在改进教学相关工作中的差异。这也恰恰印证了斯蒂格勒和希尔伯特在研究中提到的原则以及得到的结论，即"如果不改变教师学习的文化，那么教学改进就不会成功"。然而，一方面，美国的教育者不能简单地模仿日本的教师主导型教学改革；另一方面，美国的教育者要学习日本的经验，并重新审视我们自己改进教学的体制。教学领导在帮助教师学习如何掌握教学相关知识这一方面起着关键作用。

重视缩小教学差距的需求

经济合作与发展组织发表了一篇报告，题为《教育成效者与成功改革者——国际学生评估项目测试表现优异地区教育改革对美国的启示》。该项目测试了15岁的学生阅读、数学以及科学素养相关能力。这不仅包括学校课程的掌握情况，还包括成年人生活中的重要指示和技能。该测试在各个国家的4500～10000名学生之间展开。贫穷程度没有被考虑到比较结果之中。

下面列出的是该报告中的一些关键点，这些关键点能够呼应和巩固斯蒂格勒和希尔伯特的研究结论。它们反映了教育排名靠前的国家的教师水平，并为美国的教育者提供精神食粮。

• 教师需要在有效的教学实践基础上为知识做出贡献；

• 教师需要参与到协作课程改革的过程之中，并按照规定的方式共同提高所教课程的教学质量；

• 改进后的实践教学是制度化的，而有效教学的样板需要被录下来作为教师们学习的范例；

• 教师的课堂都是公开的，教师们需要观摩彼此的课堂教学实践；

• 如果教师不能认真研究最有效的改进学生学习的方式，就不能自称为专业人员。

通过以上条目，你会发现，教学的确是一项文化性质的活动。这本书不是简单地复制其他国家的教学情境，而是在于你是否认为你所在的学校需要进行教学法的改革。如果你觉得你所在的学校存在着教学差距，那么本书能够帮助你应对这一差距，并提高学生的学习水平。

下面是一些可能存在的教学差距的例子：

• 不能识别和处理错误的先备知识的教学行为；

• 不能教会学生组织知识的方法的教学；

• 不能帮助学生学习综合技能并理解和运用这些技能的教学；

• 不能给学生提供建设性的定向反馈来巩固他们学习质量的教学；

- 不能帮助学生建立新旧知识之间联系的教学；

- 不能帮助学生成为有能力自我监督和调控的自我导向型学习者的教学；

- 不能为学生提供积极参与学习机会的教学；

- 不能帮助学生把理论与实际相联系的教学；

- 不能让学生参与学习计划的教学；

- 不能帮助学生理解知识之间关联性的教学；

- 不能为学生提供提问、连接新旧知识并应用知识解决实际问题的机会的教学；

- 不能让学生理解工作和学习价值的教学；

- 不能帮助学生独立地、更深入地理解知识的教学。

要知道如何改进教学，教师们就要走出自己的教室，与同事交流最佳的教学方法；与同事分享有效和无效的教学方法；观摩其他课堂的优秀教学方法；加入专业学习团队之中。

——比尔

反思日记

你需要拿出一些事情来写反思日记。下面会列出一些反思日记中可以记录的话题，你从中选择一个最能帮助你洞悉自己工作的话题。

蓝 图

思考你们学校的教师是如何学习改进教学方式的。

- 为了教师们能够改进教学方式,你认为需要做出什么改变?
- 你会怎样引导并支持这种改变呢?

经 验

思考一下你和教师们共同工作来改善教学方式的情景。这并不是一项新方案的实施,而是从根本上改变课堂教学的方式。

- 作为一名教学领导,你做了什么来支持教师进行教学改革?
- 你从这次的经验中学到了什么来帮助你改进教学方式?

未 来

你觉得在你的学校中,哪些方面最需要消除教学差距?你能做些什么来消除教学差距呢?

试试看:分析教学差距

第一章提出的教学差距并不是一个对教学或者教师的消极概念。专家们通常认为他们必须调整自己的教学实践来与当前的主导环境相适应。

20世纪80年代兴起的高风险测试问责制就是现在教育领域的一个主导环境。尽管缓慢,但是可以确定的是,教师们开始慢慢远离了能够提高成绩的以学生为中心的教学方法。

这一现象,在第一阶段指的是阅读教学摇摆于基础读物与基于文献的方法；在第二阶段指的是研究性学习的骤减。

所以，试试看：

• 为了把教学差距提高到教职员工的意识水平上来，你需要把6～7名在教学方面卓有成效的教师聚集到一个小组；

• 给他们提供一个舒适的环境，准备一些点心和饮料；

• 每人一份印有第一章跳板部分的斯蒂格勒和希尔伯特的引文，针对这一引文，让教师们联系自身的教学方式进行反思，鼓励教师尽可能做到直言不讳；

• 针对所学的知识进行反思。

领导班子活动

强化教学领导力的5项原则

目　的

首先要明确目标：

• 培养相关能力来改进教学以及提高全年级、全部门整体效能的现实期望；

• 设想相关活动来把研讨会学习转移到现阶段教学领导实践中来。

视　角

在管理人员、教师领导和教师中间，有一个大家公认的关于改革的理解，那就是大家都觉得教学改革需要一夜之间实现。斯蒂格勒和希尔伯特提出了5项重要原则来引导大家正确预期教学改革。

挑　战

为了更有效率，教学领导必须与教师领导密切合作，并对学校改革有一个透彻的理解。这样的理解往往不能与区域、董事会或社区的意愿保持一致。

计　划

辅助单项目研讨会的基本步骤：

1.为年级小组或系主任准备一个60分钟的研讨会。

2.仔细逐条研究逐步、可测的改革的5项原则。

3.用下列问题来引导大家进行讨论：

• 对于领导班子来说，每一项原则意味着什么？

• 你们学校、年级或者部门是怎么应对这几项原则的？

• 关于逐步、可测的改革的相关证明是什么？

个人与团队的联系

1.参与者需要把自己独一无二的关于领导能力的挑战与研讨会内容进行联系。

2.领导班子需要问两个基本的问题：

• 我们学到了什么？

• 作为一名教学领导，我们要如何运用所学的知识来辅助我们的工作？

第二章　做正确的事

领导们并不是因为知识而获得报酬,他们是因为做正确的事情而获得报酬的。

——彼得·德鲁克(Peter Drucker)

数据获得,而非数据驱动

对于教师来说,最重要的信息不是来自打印出来的州立考试的成绩,而是来自观察学生以及与学生谈话。优秀的教师把观察作为形成性评价,这些教师把他们直接从学生那里学到的东西用在教学和制定决策的过程中。一个善于获得数据的教学领导能够帮助教师们准确地找到学生的需求,并能解决复杂的教学问题。

促成获得数据的方法之一是让教师们一同观察学生的学习。比如,一组对学生非小说类写作感兴趣的五年级教师可以观察学生们写的天气预报类的小短文。教师们手中都有写作样本,并一篇一篇地阅读这些文章。教师读学生文章的好处之一就是可以分析文章。通常,教师们会觉得大家一起分析文章是这一过程中最富有挑战的一部分。为了帮助教师共同分析文章,教学领导要让教师针对每篇文章回答以下3个问题:

- 学生们对天气预报了解多少？
- 学生们写天气预报类的小短文时，他们会遇到什么挑战？
- 我们的下一个教学重点是什么？

教师们阅读每一位学生的文章时，他们要在记录纸上写下这3个问题的答案。读完4～5篇短文后，教师们开始思考自己在教学中需要解决的问题。其中一个比较明显的需求是帮助学生更好地认识叙事写作与非小说类写作的区别。当把学到的天气预报知识变成自己的文字时，学生们同样会遇到一些困难。在这一部分即将结束时，教师们会概括出下节课需要讲解的相关教学难点。

建立信任

21世纪中的前10年，教育界的口号之一就是能力建构，每个人都要建构这样那样的能力。作为一名教学领导，你需要建构的能力就是信任。这里的信任意味着每位教师都相信你说的话，而你也会言而有信。获得教师和其他员工信任的方法之一就是坚守承诺。

别人告诉你他们将要做什么事却未做到的时候，你会怎么想？言而有信不需要你花费一分钱，却能够帮助你在困境中取得成功。当教学领导不能够信守承诺的时候，教师们会受挫失意。现在，大部分学校都在积极地进行着教学改革，教学领导的支持很有必要。除非你要限制某些项目的进行，否则你就必须确保自己做到贯彻落实好自己的承诺。你需要亲身投入其中，校长和校长助理必须重视这一点。

要像教师一样参与到专业发展的进程中,这样大家才能有更多的共同语言,才能共同成长。

——杰伊

发现他人的优点

你可以尝试一下在心中想出5个跟你工作关系最好的教师,把他们名字的首字母写下来,在字母旁边写下你发现的他们的优点,这些优点可能是他们自己没有注意到的。比如说,其中一名教师可能比较擅长通过分析阅读记录来辅助教学。你可以思考一下怎样帮助这些教师发掘出自身的优点,丰富他们的职业生涯。例如,一名善于开发互动课堂的教师可能会乐于把他的想法与其他教师进行分享。

当你开始寻找教师们的优点的时候,你也在为教师们树立榜样。你在提醒着教师们寻找学生的优点是多么重要。然而,常常与此相反的是,教师们把全部精力都放在关注学生的缺点上。找出别人的优点需要恰当的方法,而且更重要的是,必须做到谨慎认真。如果想要在教职工大会上表扬某位教师,就要顾及其他教师的感受,不要让他们觉得自己的成绩被忽视。

帮助教师认识到他们自身优点的同时,还要促进他们拓展自己的想法和技能。

——比尔

走进课堂

看一下你过去3周的日历，你有多少天在某个课堂里停留了超过20分钟呢？如果天数很少，那么你就要做出相应的改进了。格里克曼（Glickman）认为："在美国大部分的优秀学校中，为了改进学生的学习，教学领导们频繁地来到各个教室是每天都能见到的事情。"最优秀的教学领导知道，对于弄清楚如何帮助教师改进他们的教学方法来说，走进课堂是必不可少的。

走进课堂需要两种心态。第一种心态是你想要停留在课堂中。不管你是否相信，一些教学领导羞于走进课堂。他们避免走进课堂，更喜欢高高在上地领导大家。这种情况就像在医院里，医生不愿意走到患者身边。没有任何一项提高教学领导能力的策略能够超越观摩课堂这一点。我们通常认为课堂是学生学习的地方。但是，课堂也是教学领导学习的地方。教学领导可以在课堂中从学生和教师的身上学到知识。

尝试一下，选择一个你想通过观摩课堂来获得知识的情况。比如说，学习者们在规定的时间内练习并应用学到的技能和策略。走进一些课堂之后，你会惊讶于你从课堂上学到的知识，这些知识是你在其他场合学不到的。这样的课堂观摩有时会暴露出教学差距，比如你会发现，有些教师的做法与大家一贯信奉的信念背道而驰，他们在课堂上很少为学生提供拓展和改进想法的机会。

第二个心态是你要为自己安排出时间来进行课堂观摩，换句话说，你要合理安排好自己的时间。目前，你要时刻记住自己要多走进课堂，为了完成这一重要目标，你必须首先安排好走进课堂或课堂观摩的计划；其次安排其他计划。尽管更频繁地走进课堂对于你来说是个挑战，但是你要留意的是不要被他人打扰。

回电可以节省你在课堂中的时间

对于教学领导来说，糟糕的事情是他们没有更多的时间待在课堂中。当你真正走进课堂的时候，你最不希望发生的事就是被别人打扰。带着这种想法，你要事后再给校长、校长助理和其他人员回电。这可以节省你在课堂中的时间，并且不会因为被打扰而沮丧。下面描述的是回电的过程。

在每一个工作周的最后，你要计划好下一周走进课堂或课堂观摩的时间，就像安排你的会议和其他行程一样。不同的是，你要亲自把走进课堂安排在最前面，来保证你的秘书知晓你这周的计划。你要告诉秘书，当你在观摩课堂的时候，不要让任何事情打扰到你，除非有紧急的事情或有重要电话。这就意味着你需要定义一下什么样的事情是紧急事情，什么样的电话是重要电话。

下面是一些例子：

1. 紧急事件：

- 学生或教师受到威胁；
- 发生火灾；
- 有炸弹威胁。

2. 非紧急事件：

- 学生因纪律问题被送到办公室；
- 学生在操场上扭伤了脚；

- 没有预约的家长希望跟我进行谈话。

3. 谁可以打断我：

- 我的父母；

- 我的配偶。

当秘书接到该列表之外的人打来电话时，他可以告诉那个人："××先生正在课堂中观摩教师教学呢，直到×时才能回来，他会在×时给您回电话，您的名字会被记录在回电列表之中。××先生回到办公室之后会依次进行回电。"秘书会将回电列表放在领导的办公桌上。当领导回到办公室时，他会按照来电顺序依次回电。当学校确实有紧急事件发生时，秘书要用只有领导能读懂的信号来通知领导。

学会直接观察学生们对不同教学方式的反应，可以帮助你对教学效果和影响有一个清晰的认识。

——杰伊

是知识，而非大纲

为什么那么多的教学领导都认为关于教学的相关问题可以在大纲中找到？学习大纲、教学大纲、阅读大纲、战略计划大纲、评分大纲、评估大纲、写作大纲都是各有不同的。寻找正确的大纲是永无止境的。有时，比寻找大纲本身更重要的是改进教学。

作为一名教学领导，你需要明白人们所说的大纲。它指的是你和教师关于教与学的知识，并能够对学生产生重要影响，而非商业上的一些项目。比如说，教师必须知道学生怎样才能获得最佳的学习效果，怎样才能让学生对学习充满兴趣。这会帮助教师学会如何去激励学生的学习，并创建更有意义的学习机会。教与学的知识能够引领教学计划，能够帮助教师根据学生需求做出相应调整。知识是好的课程计划的基础。

所以，教学领导必须有足够的教育学的相关知识，这样他们才能认清高水平教学和低水平教学的区别。如果没有这样的能力，教学领导就不能准确地发现教学改革的必要性。作为一名教学领导，你的工作是鼓励和培养知识构建。为了做好这一点，你要把教学放在首要位置。你要走出大纲的框架，要意识到改进教学没有捷径。拥有深入的教育学知识能够比推行别人的想法更有用。第四章将会更详细地阐述这一观点。

教育要围绕学生展开，要着眼于学生的需求。教育不仅仅是完成所有的课程。

——安妮塔

向优秀教师学习

在音乐领域，有一项课程叫高级讲习班。在讲习班里，一名成功的艺术家面向一群大提琴家授课。尽管这些大提琴家凭借自身能力获得成功，但仍然不能称为大师。他们是想要从大师身上学到更多知识的学生。这样的高级讲习班能够帮助音乐家们提高他们的演奏水平，同时，这样的课程也能帮助教师提高他们的教学水平，这也正是高级讲习班的价值所在。

上课的过程很简单，大师邀请一名学生进行演奏，而大师将会在学生演奏的过程中专心倾听并观察他们的技巧。有时，大师可能会打断学生的演奏，进行一些特别说明或给出相关建议。演奏结束时，大师会给出一些相应的反馈。反馈的形式如下：

- 感谢学生的演奏；
- 用专业术语表示对这一曲目的尊敬；
- 把整个曲目分成片段，并亲自进行演奏；
- 确保每一名学生都能够理解这些意见反馈；
- 邀请学生重复最开始的那一部分，但这次要运用大师的建议；
- 自始至终，大师都会问这名学生一些非常具体的问题；
- 当大师再一次感谢学生，并要求另一名学生演奏时，这一部分结束。

在高级讲习班，最有趣的特点是大师给出反馈的方式。有时候，大师给出的反馈很直率，但并不无情。大师会用很谨慎的措辞，但又能做到直接、坦率。比如，大师可能会说："你不能这么快地演奏这一段，你必须放慢速度，让旋律沉淀，而不是催促它。你要感觉到它已经沉淀到你的脚下了。"

对于教育者来说，这种高级讲习班的氛围完全可以运用到课堂上。首先，能够为教学领导和教师提供向大师学习的机会。这可不是教师们在学校课堂上的一些简单演示。相反，这是一些在课堂上很难见到的范例教学。这一环境得以实现的两个必要条件是：(1)高级教师必须面向特定的学生进行授课；(2)高级教师和观摩人员必须有足够的时间参与到课后讨论中。关于课堂本质的决策需要教师们制定。例如，科学教师可能会希望看到基于调查研究的科学课程。这些教师以及一名教学领导是唯一可以观摩高级教师课程的人。

请来的大师需要获得相应的报酬，并且有权利决定是否可以录下上课的过程。录下整个课堂教学过程是帮助建立一个关于教学的专业图书馆的很好方式。这样的图书馆可以为教师提供更有效的教学方式。随着即将到来的绩效评估的改革，许多教师都想知道高效率的课堂是什么样子的。

由于在常规的上课时间很难营造出高级讲习班的氛围，你需要把高级讲习班安排成一个半日的专业发展课程，可以邀请一个班级的学生来参加并给予他们特殊的回报。高级讲习班也可以和暑期班一同开展。

当同缺乏经验的教师共同工作时，可以运用不同的方式来营造高级讲习班的氛围。通过这种形式，被教师们当作高级教师的教学领导能够在教师的课堂中和他们一对一地开展工作。那些新手教师可能从没有见过模范课堂是什么样子的。这一过程能够为一场高水平的讨论活动提供良好的基础，这样才能帮助教师们更好地教学，并且能够进行与现阶段完全不同的教学实践。

教师们可以在高级教师的观摩下教授一堂计划好的课程。没有其他人来参观这堂课，这堂课也不会成为观摩的一部分。课程一结束，高级教师和授课教师会聚在一起讨论这堂课。这堂课的流程可以仿照高级讲习班的音乐课来进行。表2.1 包括了高级讲习班的主要构成部分以及相应的例子。

表2.1

构成部分	例子
感谢教师的课程，有时可以进行表扬。	你对某位学生的文本中的一段进行总结，并把这一过程当作范例。
尽管课堂效果不是最好的，但也要尊重该课堂想要表达的意图。	你尝试着让所有的学生总结他们关于社会研究的阅读。
给出明确的、建设性的反馈意见，不要使用术语，要注重细节。	不要说学生们都参与进来了，要尝试着去说"当我示范如何去做总结的时候，学生们都很积极主动地记笔记"。
在教学方面，着重强调方式背后的原因，要做到简单直接。	必须有一个优秀的总结文章的范例，让学生能够明白自己总结的质量和水平。
帮助教师走向下一个层次，不是最高峰，而是更上一个台阶。	建议返回教师培养学生根据段落推理的那堂课，在你课堂教学的这一时刻，你认为还有什么别的方案吗？

教师们从专家那里学到了针对自己教学的特别反馈，尽管通过这样高度个性化的方式来改进教学很难大范围地实行，但这确实能够帮助那些有前途却又很艰难的教师获得更高水平的能力。这些教师会用不同的眼光看待自己的课程计划、方法、授课以及学生的作业。对于教师的教学和学生的学习来说，这样的价值是持久的。

鼓励教师观摩成功教师的课堂，并给他们充足的时间来共同探讨自己所看到的和所学到的知识。

——安妮塔

向学生学习

学生可以成为教育者的教师，教育者需要观察、倾听并与学生共同学习。这里有一个帮助你向学生学习的简单计划。这一计划是依据古帕

（Guba）的观察技巧提出的。同时，这一计划还综合了许多研究者提出的观察方法。

独立观察者——中立的角色。倾听并观察一项学习活动，但不要主动参与。比如，坐在图书馆媒体中心观察五年级学生访问和处理信息，或者走进某位教师的课堂并观察学生们完成某项活动。

参与性观察者——活跃角色。在你真正地参与某项学习活动的时候进行倾听和观察，比如说，在某堂社会研究课上，与学生共同写作，或者在科学实验室里与学生共同做实验。

工艺品收藏家——中立角色。通过录音、音视频磁带、多媒体、测验和学生的作业样本来收集学生学习进步的证据。比如说，通过录像收集并回顾学生在口语阅读课上的表现或写作样本。

为了了解这一过程的价值，首先要回答下列问题：通过观察学生，我能获得什么有用的信息来帮助教师改进教学？

接下来，核对下列关于这个问题的回答是否与你的答案相吻合：

- 学生们在学习方式上的疑问和顾虑。
- 什么样的教学方法对学生真正有效？
- 学生需要什么样的机会来获得更好的学习？
- 教学方法不适合学生的情况。
- 学生们关于改进教学的看法。
- 作为学习者，学生们面临的挑战。
- 在学习过程中遇到的差异或缺口。
- 有意学习的证据。
- 从学生那里得到的需要进行教学改革的证据。

- 能够证明学校愿景宣言是切实的证据。

- 学生们理解了所学知识的证据。

- 学生能够学以致用的证据。

通过运用古帕提出的观察技巧，你会了解更多学生们在课堂上的真正表现。这样关于学生们学习方式的深入理解对于改进教学是很有必要的。通过着眼于学生的学习方式，而不是过多地关注教师的教学方式，你能够从学生的视角观察每一天的教学实践。

多角度地观察为教学领导提供了难得的机会，让他们得以从内部观察教学情况。也就是说，把已知的学生的学习方式作为改进教学的依据。这一视角与我们通常为改进教学所做的工作是相反的，却能为学生提供更好的学习机会。

你不需要等待测验数据或者5周的基准来检测你的教学领导实践能力。你要记住的是：对于你的教学领导能力来说，最重要的是你从学生那里学习到的知识能影响你的教学领导力。是的，尽管测验成绩是其中的一部分，但不能代表全部。正如丹妮·里维奇（Diane Ravitch）所说的："并不是所有的事情都可以被量化。"磨炼你的观察技能，并运用你在课堂上发现的东西来帮助你找寻改进教学的方向。正如之前所提到的，在教师的眼中，他们对教学领导的信任是建立在对学生学习方式的理解之上的。课堂才是能够让你学到更多知识的地方。

你的着眼点应该是学生正在从事的事情，以及有意学习正在发生的证据。如果我们能够做到密切关注，就会发现学生能够告诉我们他们的真正需求。这些学习者才是我们最终的老师。

—— 阿迪斯

没有充裕的时间

教学领导们对于他们的工作表示不满的两个方面是时间管理和反对改革。在这里主要讲一下如何处理时间管理的问题。这一部分是本书最需要亲身实践的部分。需要你能够把这里讲的付诸实践，并且坚持到底。这不是一件容易的事情，但是最终的结果会让你觉得一切都是值得的。这里没有什么投机取巧的策略——只能直截了当地去想和做。

我们关于时间管理的调查以一个简单的问题开始：时间能被管理吗？在你回答这个问题之前，要仔细考虑，因为你的回答会决定你要采取的方向。你可以在这一页的空白处写一个简单的能或不能。如果你的答案是不能，那么请继续阅读。如果你的答案是能，那么你要跳转到后面我写的"我的回答是能"这一小标题处。

当你回答不能的时候，你的意思就是你认为时间不能被管理。也许一个更好一点的问题应该是："我们所说的时间管理到底是什么意思？"让我们从这个问题起步。你说的时间管理是什么意思？你怎么定义时间管理？这些都能影响你对时间的使用。可以说，这就是你在实际应用中的哲学。所以，让我们看一下你在实际应用中的哲学。这里的一些简单问题能够帮助到你，请回答同意或不同意。

- 为了更有效率，我有一个灵活的时间表，我必须做到顺其自然；
- 像其他人一样，我会安排好重要的事情，如果一些更重要的事情让我不得不取消或更改我的计划，我也不会动摇或改变我的计划；
- 我能很容易地为一些更重要的事情腾出时间；

- 在平时我总是有足够的时间来处理重要的事情或完成我的工作；
- 在每天结束的时候，我总是对我运用时间的方式感到满意，比如把时间花费在观摩课堂和与教师会面上。

根据你的回答及你对自己的了解，你怎么定义时间管理呢？你把它看作是一个反映日常需求的灵活机制？还是把它看成一项硬性的机制来帮助你安排最重要的事情？也许你会把时间管理界定在灵活机制与硬性机制之间。虽然你是这样界定时间管理的，但这不能改变你对结果的看法。你在如何运用时间和你是否对此感到满意之间寻求一种平衡，而这对你来说是成为教学领导的关键。如果你对运用时间的方式感到满意，那么祝贺你；如果你对运用时间的方式并不满意，那么在这部分后面给出的3点建议可能会帮到你。

我的回答是能

如果你的回答是能，那么你的意思就是你认为时间可以被管理。你回答能的原因可能是你已经在尝试着管理自己的时间了。这并不意味着你对自己所做的事情表示满意，这只能说明你的确在尝试着如何更好地管理时间。下面的5个问题能够帮助你更好地应对管理时间上遇到的问题。

- 你是否满意自己花在教学事务上的时间量？
- 你是不是通常会觉得很放松，而不是在赶时间或时间不够？
- 你对自己在课堂内花费的时间量是否满意？
- 你是否能做到全神贯注地做重要的事情？
- 你能够掌控自己的日程表吗？

所以你是怎么做的呢？如果你的5个答案都选"是"，那么恭喜你，你确实能够很好地掌控自己的时间。如果你有几项的回答是"否",那么请继续阅读。大部分的教学领导在时间的运用上遇到过困难,但是,有些教学领导要比其他人更善于管理时间。思考一下和你共事过的那些善于管理时间的人。把他们的名字写在这一页的空白部分。然后找时间和他们谈谈话。在预约谈话之前,你要思考一下他们会如何回答你的问题。比如你会问:对于高效率地管理时间,你有什么秘诀吗?你通过和这个人的谈话会受益良多,而这正是能帮助你更好地认识到自己在管理实践方面的需求。如果不能,那么下面是两个建议,来帮助你为教学改进腾出更多的时间。

建议 1 对你的时间表负责

把你的时间表当作能够避免浪费时间的第一种方式。这里有一条黄金法则:首先,我要安排好我需要做的最重要的事情。随后,再安排好那些别人想要我去做的事情。为了更有效率、更有效果,你需要建立和掌控自己的时间表。你要让与你共事的人知道,这样的时间表对你成为一名成功的教学领导是多么重要。如果你把做时间表委托给别人,那么这个人必须知道你设定时间表的基本原则。比如说,所有跟教学相关的事宜有绝对的优先权。所有关于开放政策的谈话可能都会打扰到你手头正在做的事情。

由于某些原因,很多教学领导会觉得对自己的时间表负责是件很困难的事情。即使他们安排好了课堂观摩,也会很快对时间表做出调整,去会见某些需要见面的人,然后继续抱怨自己没有足够的时间待在课堂中。如果你不能严格按照时间表做事,那么你就不能有效地管理好时间。这就意味着当问题来临时,你要快速地做出决定,有时也可以说是控制一些破坏因素。

建议 2 把问题的责任转交出去

想象一下这样的画面:作为一名教学领导,你走在走廊上时,一名教师和你讨论部门的教师发现的教科书上的某个问题，因为你在赶时间，所以你说："我现在不能处理这个问题，一会儿我再找你。"这个时候，问题的关键是你和教师需要讨论的问题，而教师是这个问题的持有者。但是，当你说"一会儿我再找你"时，这个问题就变成了你的遗留问题，需要你来解决。

在这种情况下，教学领导就成了需要对这个问题负责的人，而不是那个教师。如果每天这样的事情多次发生，那么你会发现你之前的时间都花费在哪里了，也就是说，你都在处理别人的工作。那么，教学领导犯了什么错误呢？他的错误就是把教师询问的问题当成了你们共同的问题。

那么，教学领导需要怎样做才能取得成功呢？教学领导需要在走廊上跟教师们说："你的想法是什么？你为什么不告诉我你关于教科书上的问题的看法，以及相应的解决方案呢？"这样，给教师们传达的信息就是：不要带着问题来找我，要带着解决方案来找我。当然，会有很多次达不到你的要求，但这只是开始。

作者提供了一些原则，来帮助你们把不需要自己负责的问题转交出去。这里有两个比较好的原则：

- "要么解决问题，要么把问题下放给教师们。一个遗留到以后解决的问题会占用你更多的时间，因为这需要你从头至尾分析问题产生的原因。"一个快速的解决办法意味着立刻确定由谁负责解决这个问题。拖延问题就意味着你把这个问题看成是你与教师们需要共同解决的问题。

- "不要用电子邮件来处理问题，这也是另一个把问题留给自己的方式。取而代之的是，你需要面对面地处理问题。"电子邮件的往来会花费更多的时间，而问题的提出者还会觉得你会帮助他来解决这个问题。你要跟问题提出者见面，并且弄清楚谁应该负责解决这个问题。

在课堂中尝试

当要求教师们把新的方式应用到课堂时，新西兰的教育领导通常会说这样一句话："你要亲自去尝试。"这句话的意思就是，领导们需要在课堂上与教师共同尝试新的方式。当很多教师并不是完全理解新方式的时候，这一点变得尤为重要。下面列举一个例子来说明为什么"说起来容易做起来难"。

案例：为什么学生抓不住基本概念

在市区的教师被要求按照那些关于如何提高学生学习水平的优秀研究调整自己的课程，中学教师尤其如此，在每一单元开始时，他们需要参照别人的理解。如果教师正在教授社会学科的关于中东冲突的某一单元，他们需要在第一天解决学生对中东问题的偏见，之后的课程就要围绕着教师们对这一理解的评价来进行。

国家研究委员会进行的研究表明，当学生走进课堂时，是带着对世界运作方式的偏见的。而新的认识是在已经存在的认识和经验的基础上建立起来的。先前的知识为未来的知识做了很好的铺垫。然而，误解却是新知识学习的最大障碍。所以，在先前的知识上建立新知识需要教师们制订更细致、更深刻的课程计划。

在这种情况下，教师们几乎没有解决学生偏见的经验。虽然有大量的专业发展和基于课堂的支持，但教师们仍然会感到头疼。教学领导班子会感到迷茫，而一些领导会质疑问题的关键是不是来源于教师们的抵制。毕竟教师们不得不花费更多的时间和精力来制订他们的单元计划，而他们的计划也是在公开讨论下完成的。教学领导不愿意相信教师们在拖自己的后腿，并认为应对学生们的先前知识比预想的要困难得多。所以，教学领导决定在课堂中亲自尝试。

教学领导可以和即将讲授行星地球这一单元的科学教师合作，由教学领导来计划和教授新单元的第一堂课，并处理学生们对于两个主要概念的偏见：地球的形成和地球的运动。教学领导与科学教师共同制订计划，由教学领导独立完成授课。

之后，教学领导要向领导班子的其他成员汇报课堂发现，而科学教师也需要参加这次会议。教学领导要阐述他的教学经历：

1. 计划的制订和执行花费的时间要比想象的多很多，这些计划中只有很少一部分能帮助应对学生们先前的观点。所以，我们花了很长时间来总结应对学生对地球运动的偏见的经验。

2. 尽管已经有了计划，但是教师们仍然不能顺利地进行。

- 我不确定课程进行到哪一步了，作为一名教师，我也变得没有自信了；
- 对于大家关于地球的误解和偏见的讨论，学生们感到很困惑，一些学生甚至不知道我们在干什么；
- 因为学生先前的知识范围太广，我很难收集数据。

3. 某种程度上比较明确这一单元接下来的部分要怎么进行。

- 很多学生对地球的运动有误解，尤其是和季节相关的问题，和我们最原始的计划相比，我们要在这一部分投入更多的精力；
- 我不知道该如何应对学生们关于地球的不同程度的误解，也许我们需要以小组的形式进行教学。

通过这次经历，教学领导班子的成员都受益良多，他们认识到，除了尽自己最大努力之外，还需要帮助教师们基于研究开展课程。让其中一名成员尝试进行课堂教学，会让他们发现他们需要做什么来帮助教师处理学生们先前的知识。无疑，这就是我们所说的"说起来容易做起来难"。

反思日记

你需要腾出时间来记录反思日记，我们给出了一些建议以及记录日记的一些话题，包括重点、信任学习、课堂。你可以选择任何一个会给你现在的工作带来启示的话题进行记录。

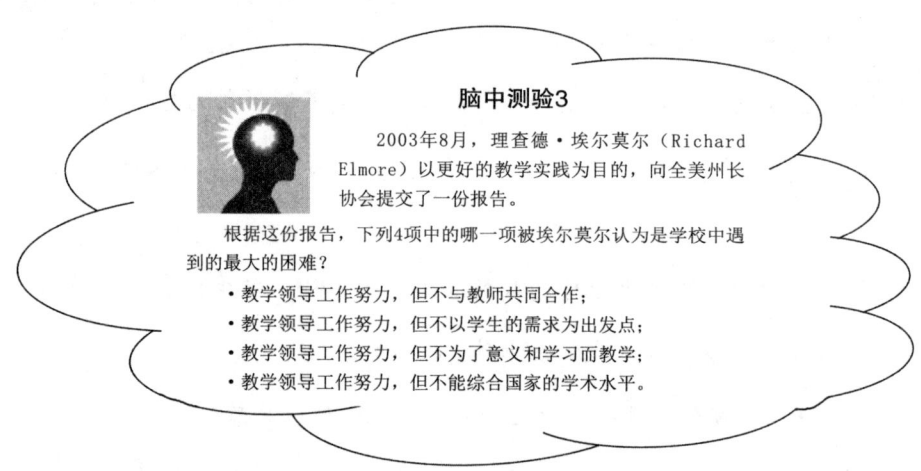

脑中测验3

2003年8月，理查德·埃尔莫尔（Richard Elmore）以更好的教学实践为目的，向全美州长协会提交了一份报告。

根据这份报告，下列4项中的哪一项被埃尔莫尔认为是学校中遇到的最大的困难？

- 教学领导工作努力，但不与教师共同合作；
- 教学领导工作努力，但不以学生的需求为出发点；
- 教学领导工作努力，但不为了意义和学习而教学；
- 教学领导工作努力，但不能综合国家的学术水平。

做正确的事情

彼得·德鲁克（Peter Drucker）把他的时间都花在研究领导能力上，尤其是行政领导能力。在他最新的《实践中有效的行政领导》一书中，德鲁克表示："有效性是可以被学习的。"

德鲁克发现有效性就是做正确的事,他的研究表明,做正确的事包括5个复杂的实践过程：

- 管理你的时间；
- 付出努力、做出贡献；
- 最大化地发挥出你的优点；
- 把你的精力和努力集中在那些能够做出贡献的重要事情上；
- 做出实际有效的决定。

德鲁克根据自己深入的研究以及大量的经验得出："这些实践活动看似简单,实则不然。"

重 点

作为教学领导,当你决定做正确的事情时,你是否会对本书的这一部分进行验证呢？

信 任

在教师们看来,言而有信是教学领导要做到的最基本的事情。如果教师认为你知道自己在说些什么并且能够履行自己的话,那么你就很有可能取得成功。现在,用几分钟时间来思考一下你的信誉：

- 作为一名教学领导,你觉得教师是怎么看待你的呢？
- 你是否需要做些什么来增强你在教师心中的信任度？

学 习

- 你是否向学生或高级教师学习？
- 你学到了什么？
- 这些学习过程怎样帮助你成为一名优秀的教学领导？

- 你是否每天都能走进课堂？
- 如果不能，原因是什么？
- 为了有时间走进课堂，你认为最需要做些什么？

其他的想法

你不能一味地责备自己是否做了正确的事情。你工作的环境不是静止不动，也不是可以预知的。总会有意想不到的事情发生，也很少会有一天你的计划不会被学生或教师提出的问题打扰。但是，你不能止步。作为一名教学领导，你怎样进行调节只能来源于你的满足感，就像之前提到的，你的满足感决定了你的工作对现实反映的程度。

比如说，如果你发现你没有足够的时间待在课堂中，那么你就要想一些办法来减少这种挫败感和失落感。这不是说你要知道做什么，而是你要亲自去做。作为一名教学领导，需要帮助教师们学习更多教学方面的知识，这样他们才能为学生提供更多的学习机会。

试试看：管理时间

第二章的核心在于你是否做了正确的事，做正确的事能够帮助你成为一名更有成效的教学领导。

如果你仍在处理领导责任上有困难，而你又很清楚这一点对改进教学至关重要，那你需要怎么做呢？

试试看：

- 列出每天你要做的5件最重要的事情，这会让你的同事认为你是一名高效率的教学领导；

- 把这5件你认为对你的成功至关重要的事情写在卡片上，随身携带；

- 把你的卡片作为你的动力，选择一天彻底改变你的日常管理，如果你从没观摩过一堂课，那么你就要完成这项任务，要确保你的时间表跟平时不同；

- 当你做着与习惯完全不同的事情时，要做好心理准备，因为这会给你带来强烈的冲击，如果你要尝试改变，那么你肯定会感到不舒服；

- 一天结束后，反思你做的事情，如果不能严格执行新的时间表，那么选一天再试一次；

- 你学到了些什么来帮助你做正确的事情？

领导班子活动

向学生学习

目　标

- 作为教学领导，当行政人员和教师从学生的角度思考自身工作时，他们能够对自身的角色有更好的认识；

- 设计相关活动，把研讨会学习转移到现阶段教学领导实践中。

视　角

教育者总是在说要为学生考虑，可是行政人员和教师们有没有真正倾听过学生关于教与学的真正心声呢？

挑　战

为了真正做到有效，教学领导必须对学生有一个正确的认识，弄明白学生对我们所谓的教学过程到底是怎么想的。

计 划

辅助单项目研讨会的基本步骤：

1. 在研讨会之前。

• 安排10个人的学生小组，他们水平不等，让他们参加关于学校的圆桌会议；

• 选择一名学生不认识的人来组织这场讨论；

• 领导班子提出6～10个问题来引导这次讨论，问题需要对教学领导有所帮助；

• 这次圆桌会议的录像中，每个学生的身份要进行保密。

2. 领导班子成员举行一场60分钟的研讨会议。

领导班子成员一起观看录像，观看过程中随时暂停进行反馈和说明。

个人与团队的联系

参与者需要把自己独一无二的关于领导能力的挑战与研讨会内容进行联系。

领导班子需要问两个基本的问题：

• 我们学到了什么？

• 作为一名教学领导，我们要如何运用所学的知识来辅助我们的工作？

第三章　为学生创造更好的学习机会

教学质量不能以教师的所作所为来界定，要以他们为学生创造的学习机会来界定。改进教学方法是我们改善学生学习的唯一有效步骤。

——斯蒂格勒

教学方法和学习机会

斯蒂格勒为第三章提供了一个着眼于教师运用的方法和技巧的角度，来让学生获得更多的学习机会。斯蒂格勒要求教育者关注学生的学习方式，而不是教师教授的内容。换句话说，虽然有效的教学方法有很多种，但是教师必须能够选出能为学生提供最好的学习机会的方法。

当我们把这个问题放入一个现实环境时，这一看问题角度的关联性是很容易把握的。比如说，在某个时刻，所有的学生都在学校学习关于天气的知识。因此，对于天气的学习就是一面镜子，能够帮助你看清教学方法和学生学习机会的差距。教师有很多种方式来教授学生天气的知识。

在一个七年级的课堂中，教师让他的学生阅读关于天气的最新书籍，并完成一系列关于天气的活动。在另一个七年级的课堂上，教师让他的学生制作与天气相关的设备，并运用它们在教室和操场上建立一个气象站。

学生们每天写下天气报告，并在每天早上通过校园广播进行播报。这里我们要说的不是哪种教学方法更好。问题在于哪种方式为学生提供了更好的学习机会。我们的着眼点要从结果转移到机会上来。

两个课堂上的学生都获得了学习天气知识的机会，但方式不相同。第一个课堂上的学生学到了别人已经发现和形成了的天气知识，这是一种传统的学习方式。而第二个课堂上的学生则通过一系列的观察和新知识的应用来掌握天气知识，并把这些知识和生活实际联系起来，这种学习方式更倾向于发现和理解。

更好的学习机会的含义是什么

教育机会的质量取决于教师对如何让学生达到最佳学习效果的理解，以及教师把这一理解转换成适当的学习条件的能力。虽然每位教师的方法可能都不相同，但是不变的是为学生提供的学习机会的质量。

为学生创造更好的学习机会取决于领导们是否能把这样的想法在当前学校教学文化中实行。当教学领导帮助教师为学生创造更好的学习机会时，他们就在消除教学差距。为学生创造更好的学习机会并不意味着只是把视线局限在那些能够让学生在标准化测验中取得高分的学科上，这样不会激发和促进学生对于学习的兴趣。更好的教学机会是富有创造性并令人振奋的，他们能让学生主动希望学到更多知识。他们能够让学生获得学习的乐趣，让教师获得教学的成就感。为学生创造更好的学习机会是教学的核心和灵魂。

下面列举的是一名希望教师能为学生创造更好的学习机会的教学领导所面临的困难。当你阅读这一案例时，你要把理查德·埃尔莫尔（Richard Elmore）、彼得森（Peterson）和麦卡锡（McCarthey）的观点铭记于心。

他们在对正在进行改革的学校做了一系列深入的研究之后，得出对于新愿景的热衷不能自然而然地让教师们看到教学的真正含义的结论。他们发现对于教育者来说，获得深入的、系统的实践知识并实现愿景是很困难的事情。

案例：玫瑰纵然成为其他名字，芳香如故

胡安·塞尔瓦托（Juan Salvatore）是一个城市社区的西班牙裔、拉丁美裔部门的K-5年级小学校长。胡安在这所学校里担任过教师、教师领导、校长助理以及现在的校长。胡安熟悉学校里的每个家庭，而人们也都认识他。很多教师是西班牙裔、拉丁美裔，并且能够把他们的传统运用到教学中。他们更喜欢运用已经成形的教学大纲、课本以及有趣的学生活动。他们对学生的表现和努力有着很高的期望。

三年级至五年级学生在阅读与数学的标准化测试中的成绩反映了下列现象：

- 听说方面有着大幅度的进步；
- 解码能力很好，词汇量很大，对非小说类的文章阅读有困难；
- 在语法和拼写方面尤其困难；
- 叙事文写得很好，非小说类文章写得不好；
- 了解自己的计算能力，不擅长解决问题。

胡安对这一系列现象给予很大的重视，因为它们反映出学校需要更精确的教与学的方法。他在9月的第二周召开了教职工大会，并表达了他的看法。他表示，不仅仅是对于三年级至五年级的教师，对于全体教师来说这都是一项挑战。

以小组为单位，教师们需要从各自课堂的角度分析现在的情况。

他们是否发现了相同的问题？每一个小组要在纸上写下各自组中认同的主要看法，每组之间的相同看法是比较有说服力的。问题的关键就是非小说类文章的阅读和写作，这一点在所有核心学科都能体现出来。

会议结束后，每个年级的教师都要一起写一份关于提高阅读和写作能力的计划。计划包括在非小说类文章上花费更多的时间，进行综合性的策略指导来辅助核心学科，运用多种多样的非小说类材料以及指导性练习之后教师要进行更多的示范，每个人都需负起责任。

10月中旬，胡安开始四处巡视并观察教师们是否运用他们的想法来促进非小说类文章的阅读和写作。通过观察各个教室，胡安看到学生们仍然基于基本的教学事实进行训练，运用文字墙，用循环的方式进行阅读，并按部就班地运用教师讲解的步骤解决问题。教师们在为学生创造更好的学习机会的热情方面，到底发生了什么变化呢？

当教师和教学领导意识到学生的需求时，为学生创造更好的学习机会这一工作完成了一半。在这个案例中，校长和教师认识到了学生在非小说类文章的阅读和写作方面的需求。而问题在于，教师们不知道如何在主要学科中运用综合性策略，因此，他们只能继续使用以前的教学方法。

学生怎样获得最佳的学习效果

关键性任务的挑战能够帮助学校为所有教职工构建一种方式，以便于他们能够更深刻地理解和制定学习原则。

——维金斯（Wiggins）、麦克泰（McTighe）

下面列出的是一系列简单又久经考验的方案，能够把你和如何达到最佳学习效果联系起来。在你完成这些练习后，如果你对学生的最佳学习效果的看法发生了变化，你不要感到惊讶。

思考一下你最近学到的事情，你学到的知识可以是第二外语，开发一个网页，为连衣裙制作新图案，从零开始学会烤面包，或者是为报纸写一篇评论。

- 我学会了＿＿＿＿＿＿＿＿＿＿＿＿＿＿＿＿＿＿＿＿＿＿＿
- 写下所有你认为能够帮助你学到更多做事方法的项目。

＿＿＿＿＿＿＿＿＿＿＿＿＿＿＿＿＿＿＿＿＿＿＿＿＿＿＿＿＿
＿＿＿＿＿＿＿＿＿＿＿＿＿＿＿＿＿＿＿＿＿＿＿＿＿＿＿＿＿
＿＿＿＿＿＿＿＿＿＿＿＿＿＿＿＿＿＿＿＿＿＿＿＿＿＿＿＿＿
＿＿＿＿＿＿＿＿＿＿＿＿＿＿＿＿＿＿＿＿＿＿＿＿＿＿＿＿＿

- 思考一下帮助你成为学习者的一些条件和环境，这些是否也同样能帮助学生在课堂中进行学习呢？

学生的学习

我从来不会向我的学生讲授知识，我只是尝试着为他们创造学习条件。

——爱因斯坦

学生是如何学习的呢？作为教育者，这是我们需要问自己的一个基本问题。这本书提出的一大前提就是学生要获得最佳的学习效果，就意味着要获得学习的机会，那么怎么才能做到这一点呢？

环顾你的学校，你们的教学是否取决于学生达到最佳的学习效果？也许教学取决于你和教师们主观地认为学生达到了最佳效果这一想法。

下面的对话或许会给你一些解决这一问题的启示，这段对话来自3个五年级的教师和他们学校的校长。这是由专家委员会提出的一项练习引发的非正式谈话。

校长：我们怎么看待让学生获得最佳学习效果这一问题？

教师甲：学生们必须知道自己的目标是什么，在学习的知识最贴近实际时，他们能够收到最好的学习效果。所以相关性是很重要的，他们必须体验所学的知识，这样他们才能充分理解并应用这些知识。

教师乙：这听起来不错，但是大部分学生需要准确了解他们将要学的知识，并且由教师直接教授这些知识。尽管我不愿意这么说，但学生们就像空着的容器，需要我们用知识来填满。如果没有知识，那么他们就做不到学以致用。

校长：我只能想到我自己是如何学习的，当某个人告诉我需要做什么，然后给我时间并支持我亲自尝试时，我会学到知识。我觉得为了帮助学生收到更好的学习效果，教师要逐渐把学习的责任下放到学生身上。

教师丙：当我的学生共同学习并亲身实践一些发现性活动时，他们能够收到更好的学习效果。仅靠经验是不够的，学生还需要思考。他们喜欢发现事物，这让他们对学习产生兴趣。当他们能够回答自己提出的问题时，才是收到了最佳学习效果。

校长：你们是否认为，作为教职工，我们需要对如何帮助学生收到最佳学习效果有一致的看法呢？

一致性还是自主性

校长最后的这个问题说到点子上了，但问题本身很复杂。教师和教学领导是否需要一个关于如何帮助学生获得最佳学习效果的共同想法呢？教育这个专业需要自主权。教师和教学领导经常被要求用特定的方法做这做那，这让他们畏首畏尾，忽略了给学生带来的影响。

学生在学校时会遇到许多教师，学生升到高年级后，一天经历5～6个教师是很正常的，其中的一些教师会对学生的学习方法有着相似的观点，但有的教师却有着不同的观点。

更确切地说，教师们共有的关于如何让学生获得最佳学习效果的想法并不意味着他们要用相同的教学方法。教师们有多种多样有效的教学方法来教授知识，有的教师认为基于调查研究的学习方法最适合学生，这并不意味着必须在实验室或者小组活动中完成调研。这一学习方法也可以在课堂上完成，来激励学生们的思考和提问。有意义的合作可以贯穿讨论会。

虽然教师们所用的教学方法不尽相同，但是当这些教学方法的学习原理被拓展、开发以及传递时，学生的观点将会持续保持在每一间教室之中。如果教师们认为学生能够从教师的示范中受益，那么不论教师运用什么样的教学方法，示范肯定会成为他们教学的一个部分。

这一点反过来也成立吗？关于学生获得最佳学习效果的观点如果不同的话，那么会对学生的学习产生负面影响吗？对于一些学生来说，可能会。比如对于某些学生来说，只有在与同学合作学习的时候，他们才能更好地学习知识。但是，如果不允许学生进行合作学习，他们又会用什么样的方法呢？家长们经常遇到这样的情况，并问他们的孩子："你看，你不能在每一节课都用你喜欢的方式进行学习,你必须适应每一种学习情境,这就是学校,所以你要学会适应。"

想象一下,如果医院用这样的方式运行,那么会是什么样子。在病房的患者必须适应护士对于药物不需要按时间规律服用的看法。这名护士让患者自己决定什么时间服用药物。

关于如何基于学生的学习方法进行授课,行政人员和教师必须有相同的想法。

——杰伊

方法与信念的对抗

在这里,很重要的一点是,我们要对方法和信念进行区分。信念能够支持教师使用的方法和技巧。信念的基础是多年来的经验和研究总结出的学习原则。教师们讲课的原因是他们认为学生们需要构建一个背景来更好地理解一些较难的概念,并与新的知识进行联系。

很多教师在他们上课的过程中运用了多种多样的教学方法,然而,这些方法都由他们关于学习的信念所决定。一个很少给学生讲课的教师可能会告诉你,他认为学习应该是主动的行为。对于一些教师来说,教学方法的选择取决于他们学生时代的一些经历。关于教学文化对教师使用教学法的影响,斯蒂格勒和希尔伯特认为,如果一名科学教师是通过授课、实验、记笔记和测验来获得相关科学知识的,那么他用相同的方式进行授课也就不足为奇了,反过来也是成立的。教师通过基于调研的教学方式来获得科学相关的知识，那么他也会更倾向于在教学中运用相同的教学方法。

讽刺的是，那些自己的学生在标准化测验中取得高分的教师通常不愿意改变他们的教学方法，即使这些方法和他们对于学生如何获得最佳学习效果的想法不一致。高风险测试让这些教师倍感压力，并且让方法和信念背道而驰。关于学生学习的方法和信念的距离是可以用教学差距来衡量的。用最近发展区理论来打比方，就是说学习和实际教学之间的差距就是教学领导需要着眼并重视的地方。

建立帮助学生达到最佳学习效果的信念

这里有一个方法来帮助教师们在帮助学生达到最佳学习效果上达成一致。你可以以年级、部门或整个学校为单位达成协同决策，教师们需要以小组进行研究，最终的目标是提出3个信念。

首先，会分发给每个小组一张相同的帮助学生达到最佳学习效果的信念清单，教师们可以在这个清单上填写所有关于学习的信念。

我们对于学习的信念

- 必须明白学生的认知情况，要明白学生们的想法，尤其是在一个新话题或新单元开始的时候；
- 学习者必须有机会把现有的知识和新知识相联系，这依赖于学生们已知的知识和已有的能力；
- 应该围绕关键概念组织事实信息，而不是进行孤立地学习，这能够促进学生的理解；
- 年轻的学习者需要接触不同的课本、小说以及非小说类文章；
- 学习者需要教师进行大量的展示和示范，示范能够帮助学生理解和应用知识；

• 学习者需要时间和机会来实践、运用所学知识，错误是学习的一部分；

• 学习者需要从更有学问的人那里获得反馈，这些反馈必须及时且明确；

• 学习者需要带着目的进行学习，而且不能绝对地被动服从，比如说抄写笔记，真正的互动意味着学生们参与到他们的学习当中，并能够努力认真地学习；

• 其他，比如学习者需要在授课过程中认真讲、记笔记。

决策过程

• 除了让教师讨论每一个信念，并选出除了教学方法外最能够指导课堂学习的3个信念；

• 每一组公布他们选出的3个信念；

• 以小组为单位，决定哪3个信念能够指导课堂的学习；

• 大家一起决定怎样监控这些信念，来确保他们能够把这些信念运用到每天的教学实践中，这样的讨论会很有趣；

• 选出3个信念后，会分配给所有的教师一张需要贴在教室中的海报，海报的标题是"学生们如何获得最佳的学习效果"，这张海报也要张贴在教学领导的办公室中。

把3个信念带到实践中去

这个时候，教师们可能都会愿意服从所有的信念，帮助他们认识到要实现这些信念是一个循序渐进的过程，他们要理解的一个重点是这些信念是大家共有的,并且能够全身心地把这些信念带入教学实践中去,这是消除教学差距必须做的事情。

教师可以通过多种方式来系统地监控3个信念。
- 教师的自我评估;
- 课程计划;
- 在员工大会上进行讨论;
- 非正式的课堂观摩;
- 观察。

如果你询问教师,学生们如何收到最佳的学习效果,大部分教师会告诉你"在做中学"。与路人相比,人们会想到一个轿车司机能够在路途中学到很多知识。这也告诉我们,学习是很有意义的,学习的背后有多年的教学研究作支撑。那么问题是什么呢?在每一间教室里都是主动的教师和被动的学生,而教师做了大部分需要思考的工作。我们都知道这个事实,但是我们没有去改变这个现象。

很确定的一点,最好的教学方式取决于学生们最佳的学习效果。换句话说,我们要把自己当作学生。教学方法不能为学生提供更好的学习机会,而教师的关于学生如何达到最佳学习效果的信念才能为学生提供更好的学习机会。正如我们前面提到的,只要教师相信学生需要主动思考和提问,那么一堂单纯的授课可能会跟发现式活动一样有效。对于学生和家长而言,教学领导有责任帮助教师运用关于学习的信念来指导他们的教学计划。

我需要了解教师对于教与学的价值观和信念;在我走进课堂的时候,我要清楚这些价值观和信念是否体现在课堂之中,我要知道这些教学是否真正有效。

——比尔

教学文化

　　文化不会因为我们的想法而改变。当组织改造的时候,文化会改变。文化反映的是每天一起工作的人的现实生活。

——弗朗西斯·赫赛尔宾(Frances Hesselbein)

　　每一所学校都有它的教学文化,这些文化有些是可见的,有些却不是那么显而易见地影响教与学的感受、信念以及态度。这些因素与学校中发生的事情密切相关。教学文化是教学领导为了消除教学差距而创造的。有时候,学校的教学文化就像一本可供阅读的书,比如说,教师可以和他们尊敬与信任的领导更密切地合作。相反,当教师没有参与决策制定的过程时,他们会反对一些新项目的实施。然而,有的时候尝试弄清学校的教学文化比打开一个新的泡菜罐子还要难。对此,那些忽视或不关心学校教学文化的领导肯定会感到惊讶。

大多数学校中的教学文化

　　这样思考一下:学校的教学文化能够为学生创造更好的学习机会。教学文化复杂、动态并且鲜有变化。用最简单的话来说,教学文化是大部分人思考和做事的方式。想要取得成功,你不仅要弄清楚你所在学校的教学习惯,你还要有能力去影响它。

　　一些教学文化可以被称为开放式的。员工们做着自己的事情,而每个人的想法即使不被别人尊重，大家也都可以接受。人们很难注意到一些改变，每个课堂的教学看起来都有些许不同。相反，有的教学文化是需要合作的，员工希望共同工作，每个人都有团队合作精神，鲜有个人主义和冒险精神，人们永远对改革抱有争议，每个课堂的教学看起来都是一样的。

然而，大部分学校的教学文化包含了某些或全部上述形式。处于这种多样文化中的教师常常很保守且安于现状。当然，这些并不是消极的表现，只是对一类典型的群体行为的描述。我们经常听到的两句话是"因果循环"及"我早经历过了"。在这样的文化当中，一些教师形成了紧密的联系，他们的友情持续了20年以上。创新者，尤其是那些以学生为中心的教师，可能会在专业和学术上松懈，他们把教学看作是一项个人的事情，而大部分教师都不愿意把自己的工作公之于众。很少有教师会因为想要学习更多教学方面的知识而观摩其他人的课堂。一些关于教学的突出问题只要不影响到个人的教学实践，就会被大家忽视。

如果由学校、年级或部门来公布学生成绩的话，那么这些数据都会被大家所接受。教师之间的关于成绩的分析不会影响现有教学文化的舒适程度。很常见的是，教师们私下里消极地谈论着这些数据。有时，在这些特定文化中的教师结成同盟来抵制其他的想法，比如合作学习或差异化学习。当渴望改革的需求被加速，那么担忧也随之而来。

优秀的教学领导能够影响并鼓励教师进行改变，但是这也要分情况讨论。然而，一些教师支持某件事情的时候，那么这件事就会畅通无阻地通过。这样的情况会给你带来前所未有的成就感，而且是值得庆祝的。

你要尽可能多地了解教学文化，这对你来说很重要。你要思考一下你是希望处于舒适的文化氛围中，还是能够给你带来专业上的成长但充满挑战的环境中。

——阿迪斯

教学是一项文化性的活动

斯蒂格勒和希尔伯特提出了一些有力的证据来证明教学是一项复杂的活动。正如其他的文化性活动一样，多年来，教学是通过积极参与来获得知识的。他们认为，要想改进教学，就必须改进教学的"脚本"。也就是人们对于教学是什么印象。作者认为："脚本依赖于小型的、不言而喻的关于学科的本质的核心信念，也是教师在课堂中应该发挥的角色。"

这些都是指的信念，通常是不言而喻的信念，与教师在课堂上的所作所为大有关系，比如用视觉媒体来吸引学生的兴趣，不允许学生有过多的时间思考问题等。仅靠引入新的项目、选择最佳方法、运用新方法或实施学校改进计划很难带来任何改变。

教学领导在教学文化中的工作类似于民间领袖在社区中的工作，误解自己所在社区的民间领袖通常会有项目失败和竞选失败的风险。误解教学文化的教学领导则会使教学改进停滞不前，并且会有教师来抵制改革。所以，教学领导要吸取什么教训呢？你越清楚自己所处的文化，就越有机会取得成功。如果没有最基本的认识，就做不到消除教学差距。教学文化是教学领导力的出发点，当我们说到为行为理论或引导教学改革选择合适的策略时，教学文化就是因变量。作为一名教学领导，你越了解教学的环境，你所做的决定就越正确。

你所在学校的教学文化

如果你觉得自己的教学领导能力不足，那么你可能会希望更多地了解你们学校的教学文化。作为一名教学领导，如果你发现你们学校的教学实践不能与让学生获得最佳学习效果的信念相匹配，而你想要探寻原因，那么下面这些全面又综合的方法可能会帮到你。这些方法包括能影响教学文化的10项基本因素，你需要腾出时间完成复杂的矩阵，并分析其结果，这样才能让你对你们学校的教学文化有一个更好的了解。如果想要增加方法的价值，你可以请一名同事和你共同完成。

分析教学文化

- 把这次联系当作一次对感知的调查研究，换句话说，这是一项能够帮助你理解你所在学校的教学文化的调查；
- 你要仔细考虑每一部分的每一项陈述，用荧光笔把你认为能够最恰当地描述你所处环境的陈述标注出来；
- 每一部分都有空白的地方，你可以在这些空白处写下你的评论或你希望进一步研究的问题；
- 为了得到最佳结果，你需要考虑的是事实是什么样的，而不是事实应该是什么样的。

找到缺失的信念、惯例、实践、行为和活动

第一部分：学校改革的历史。

教学文化受学校历史的影响，人们不能忘记学校的历史，积极的历史能够产生积极的将来，反之亦然。人们通常会这样评价学校改革的历史："风水轮流转"及"携手共同努力"。

从下列陈述中标记出你认为最能够描述你所在学校改革历史的一项。

- 学校或学区有着消极的学校改革历史；

- 学校或学区有着积极的学校改革历史；

- 在某一时刻，会有很多不协调的改革举措；

- 在某一时刻，很少或几乎没有不协调的改革举措。

第二部分：关于学生如何获得最佳学习效果的信念。

教学文化慢慢地从教师和行政人员对于学生学习的看法中显露出来。

从下列陈述中标记出一项你认为最能够描述关于如何使学生获得最佳学习效果的信念。

- 大部分教师对于如何让学生获得最佳学习效果有着自己的信念和想法；

- 大部分教师对于如何让学生获得最佳学习效果有着相似的信念和想法；

- 大部分行政人员对于如何让学生获得最佳学习效果有着自己的信念和想法；

- 大部分行政人员对于如何让学生获得最佳学习效果有着相似的信念和想法。

第三部分：教师学习的方法。

一个教师积极合作学习教学知识的文化与没有合作学习教学知识的文化是大有不同的。

从下列陈述中标记出你认为最能够描述教师学习教学相关知识的一项。

- 几乎没有教师共同学习教学知识的证据；

- 可以很明显地看到教师们共同学习教学知识；

- 有效的教学是很少或不做示范；

- 有效的教学是经常做示范；

- 当示范有效教学的时候，教师们很少进行相关讨论；

- 当示范有效教学的时候，教师们经常进行相关讨论；

- 教师们很少共同观看多媒体课程；

- 教师们共同观看多媒体课程，并在课后进行讨论；

- 教师们很少观看彼此的教学并讨论学到的知识；

- 教师们经常观看彼此的教学并讨论学到的知识。

第四部分：教师开展课程的方式。

教学文化包含很多能够影响课程开展方式的文化。

从下列陈述中标记出你认为最能够描述教师开发课程的一项。

- 课程通常由教师个人开发，偶尔从同事那里获得信息；

- 课程通常由教师合作开发，经常从同事那里获得信息；

- 有些教师偶尔使用商用课程；

- 教师们不使用商用课程；

- 大部分教师不写课程计划；

- 大部分教师写课程计划；

- 不要求教师写课程计划；

- 教师们需要写课程计划，并且运用相同的课程设计或模板；

- 教师们需要写课程计划，但没有固定的课程设计或模板。

第五部分：两个指导教学的模型。

通常，教学文化可以被定义成1~2个主要模型来指导教学。当然，我们建议的这两个模型也有很多种变式。下面是两个关于两种教学模型的陈述。标记出一个最能够描述出你们学校、部门、小组、年级的教学模型的陈述。你可能觉得两种教学模型在你学校都有体现，但哪种教学模型运用得最广泛呢？

- 教师指导的模型中，几乎所有的计划、决策、组织、内容、方法、作业以及标准都由教师制定。学生的学习偏向于被动，并依赖于背诵和训练。这一行为认为，当为学生们提供合适的学习条件时，学生就可以进行学习。学习的目标是掌握更多知识。教师更像是一个指导者，而不是促进者。

- 以学生为中心的模型中，根据学生的需求和能力制定计划、决策、组织、内容、方法、作业以及标准。学生的学习偏向于主动，并依赖于概念模型、调查、发现以及问题的解决。这一行为认为，学生们从他们的经验中获得知识。学生的问题引导学生的学习。学习的目标是更深层次的理解。教师更像一个促进者，而不是指导者。

第六部分：教学的方法。

教学文化不仅与教学的开展方式有关，也与如何进行教学有关。这也是影响教师的因素之一，能够让教师在认为自己教学方法有效的情况下不去使用那些广受欢迎的教学方法。

从下列陈述中标记出你认为最能描述教学方法的一项。

- 常常进行全班性教学和课堂作业；

- 常常进行小组教学和课堂作业；

- 教师们把大部分时间花在教学上；

- 教师们把大部分时间花在评价上；

- 个人主义：某位学生的学习和成绩是独立的，也和班级其他学生的学习和成绩相分离；

- 协同合作：所有学生的学习和成绩都和班级其他同学的学习和成绩相联系；

- 主要是教师在使用技术，并把它当作一个教学工具，比如幻灯片；

- 主要是学生在使用技术，并把它当作一项学习工具，比如计算机辅助教学。

第七部分：改进教学的方法。

教学文化主要影响的是教学方式的改进，它就像电池一样，是支持和指导的来源。

从下列陈述中标记出你认为最能够描述改进教学的方法的一项。

- 当需要改进教学的时候，教师们很少咨询；

- 当需要改进教学的时候，教师们总是咨询；

- 教师们很少共同改进教学；

- 教师们经常共同改进教学；

- 在参加专业拓展会议的时候或之后，教师们独立进行工作；

- 在参加专业拓展会议的时候或之后，教师们合作进行工作；

- 教师们很少一起开展形成性和总结性评价；

- 教师们经常一起开展形成性和总结性评价；

- 教师们很少有机会和教学领导在班级内共同工作；

- 教师们经常有机会和教学领导在班级内共同工作。

第八部分：当学生在学习方面遇到障碍时，教学方法如何改革。

当学生在学习方面遇到障碍时，教学文化就发挥了重要作用。做出教学方法改革的实践能力是区分学校好坏的重要因素。

从下列陈述中标记出你认为最能够描述学生在学习方面遇到障碍时教

学方法如何改革的一项。

- 尽管学生在学习方面遇到了障碍，但教学方法几乎一成不变；
- 当学生在学习方面遇到障碍时，教学方法很可能进行改变；
- 教师们独自工作并很少改变教学方法；
- 教师们独自工作并经常改变教学方法；
- 教学方法只会在强制要求的时候进行改变；
- 因为教师和管理人员看到了改变的需要，所以教学方法进行了改变；
- 在专业拓展之后，教学方法很少改变；
- 在专业拓展之后，教学方法有时改变；
- 在专业拓展之后，教学方法经常改变；
- 同事之间的压力使教师改变教学方法；
- 同事之间的压力很少能使教师改变教学方法；
- 教学方法很少因为教师主导的教学小组而改变；
- 教学方法经常因为教师主导的教学小组而改变。

第九部分：如何支持教学改革。

如果没有持续的支持，那么教学文化就会变得很脆弱且教学改革不能被实行。然而，有时候，教学文化可以帮助克服缺乏支持这一困难。

从下列陈述中标记出你认为最能描述如何支持教学改革的一项。

- 教师们很少与领导进行面对面或双向交流；
- 教师们经常与领导进行面对面或双向交流；
- 教师们很少能够选择如何进行教学改革；
- 教师们常常能够选择如何进行教学改革；
- 教师们很少有足够的时间以部门、小组或年级为单位会面；

- 教师们经常有足够的时间以部门、小组或年级为单位会面；
- 教师们很少有足够的物资和设备来充分开展工作；
- 教师们经常有足够的物资和设备来充分开展工作；
- 在实行教学改革的时候，教师们很少受到课上的支持；
- 在实行教学改革的时候，教师们经常受到课上的支持；
- 在实行教学改革的时候，教师们很少和教学领导共同工作；
- 在实行教学改革的时候，教师们经常和教学领导共同工作；
- 改革期间，在实施和反思方面，教师们很少得到持续的支持；
- 改革期间，在实施和反思方面，教师们经常得到持续的支持；
- 学区很少为教学改革的实施提供充足的支持；
- 学区经常为教学改革的实施提供充足的支持；
- 尽管没有违反协商的一致性，但是教师谈判单位经常是改革的消极因素，也经常使学校领导与教师的教学改革变得更加艰难；
- 除非协商的一致性的某些方面被违反，否则当考虑到教学改革的时候，教师谈判单位不是一个消极的因素，并且能够经常提供持续的帮助和合作。

第十部分：评价和数据。

多年来，在大多数学校中，与数据和评价有关的因素大大影响着教学文化。不管怎样，对评价和测验的运用已经融入教学文化。

从下面陈述中标记出你认为最能够描述评价和数据的那一项。

- 教授同一年级或学科的教师很少合作，也很少运用形成性和总结性的评价；
- 教授同一年级或学科的教师经常合作，并运用形成性和总结性的评价；

- 我们属于数据驱动型；
- 我们属于获得数据型。

打分、评估

- 在第一部分到第五部分，全部的正向得分为14分；
- 第六部分是用来评估的，不是用来打分的；
- 在第七部分至第九部分，全部的正向得分为20分；
- 总分 = _____ 。

分析

第一部分至第五部分。

- 12分及以上是值得肯定的，说明你们学校的教学文化的基础建设恰如其分；
- 7～12分也是不错的分数，你可能还需要解决一下得分较低的问题；
- 6分及以下意味着你们学校教学文化的基础建设还存在不足之处，你要解决那些你认为需要着重关注的方面。

第六部分尤其重要，因为你可能正在为构建一个以学生为中心的学习环境而奋斗；

第七部分至第十部分。

- 19分及以上是值得肯定的，说明你在教学文化方面的行为能够促进教学改革；
- 11～18分也是不错的分数，但是你可能还需要解决一下得分较低的方面；
- 10分及以下说明你们学校的教学文化可能不能促进教学改革，你要解决那些你认为需要着重关注的方面。

分析工作方法的相关例子

在你分析教学文化的过程中，你要与学校的其他领导分享所学到的知识。你们可以一起用发现的不足来消除教学差距。下面是第八部分用到的帮助你们分析这一作用的例子：当学生不能取得成功时，需要怎样调整教学方法。

总分为6分，而某个学校在这一部分的得分为1分。唯一正向的论述是："教师单独工作更有益于教学改革。"这一部分的结果表明，学区中没有发生任何改变。教师没有通过共同合作来针对学生的需求而调整或者改进他们的教学方法。

这所学校的教学领导决定以这些数据作为基础召开会议，在会议上，教学领导发现教师对多年来的自上而下的管理模式感到很厌倦和失望。教师们觉得他们没有真正参与到制定关于教与学的决策的过程中。而这次会议也有着积极的作用，因为教师和教学领导们都认为教师需要在制定教学决策的过程中被赋予话语权。因此，由任课教师和行政人员所构成的教学领导班子也组建完成。

改变教学文化

我们可以看到，学校的教学体制在很多地方都需要改革。我也曾在改革方面遇到了文化和心理上的阻碍，但是改革的成功必须建立在认同人性的现实的基础之上。

——埃文斯（Evans）

埃文斯关于教学领导力的研究的意义是双重的。一方面，改进策略的设计必须围绕着对学校教学文化的理解。所以，如果教学文化的改革一直是自下而上的方式，那么教学领导必须确保教师们不仅参与到改革的主动权当中，也参与到对教学改革需求的决定权之中。另一方面，教学领导影响和鼓励教学改革的能力通常取决于关系的构建以及面对面的交流。这就意味着要把已经存在的个人之间的信任转化成一种教学文化，而这种文化包含着对课程实践的共同承诺。教师们必须感受到自己确实是参与到整个过程之中了。

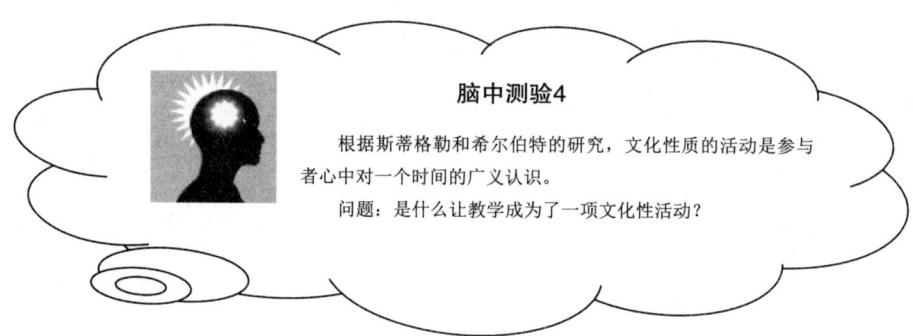

脑中测验4

根据斯蒂格勒和希尔伯特的研究，文化性质的活动是参与者心中对一个时间的广义认识。

问题：是什么让教学成为了一项文化性活动？

反思日记

在进入第四章之前，你要先腾出时间记录反思日记。下面是一些你可以写的话题的建议。选择你认为最能给你的工作带来启示的话题进行写作。

关于学生学习的信念

- 你是否认为你们学校的大部分教师都在如何帮助学生获得最佳学习效果方面有着相同的信念？

- 不论上一题的答案是什么，作为一名教学领导，上一道题给你带来了哪些启示？

自主权

- 当我们谈到教学方法的选择时，你是否认为学校中的大部分教师都掌握着自主权？或者说，他们是否愿意为教学方法的改革付出努力？
- 不论上一题的答案是什么，作为一名教学领导，上一道题给你带来了哪些启示？

教学文化

每个学校的教学文化都有着一些特定的方面，它们既能支持也能阻碍教学改革。

- 你认为对于你们学校的支持教学改革的教学文化当中，最显著的方面是什么？为了给学生提供更好的学习机会，你该怎样去控制这一动态因素？
- 你认为对于你们学校的阻碍教学改革的教学文化当中，最显著的方面是什么？为了清楚它给教学改革带来的阻碍，你首先要做的是什么？

学生的学习机会

- 思考一下最近一堂课上或教学的小片段中能够当作为学生创造学习机会的范例。
- 为什么这是一个很好的学习机会？

试试看：在方法背后隐藏着什么

第三章对方法和信念做了区分，下面列出的内容能够帮助你拓展对这一前提的理解。你随时关注着教学方法，但是你是否真正考虑过隐藏在方法背后的信念呢？回答这些问题的最好的方式就是走进课堂。然后，你必须制订一个计划。

那么，试试看：

- 做一个T形表格，在表格的左边写下方法，右边写下信念，然后离开办公室走进课堂；
- 在一周的时间里，你要随机走进20个课堂，在每个课堂停留10分钟；
- 在每个你走进的课堂中，写下教师正在使用的教学方法，比如说学生正在做课堂作业或者教师正在讲课；
- 在你走进下一个课堂的时候，写下你认为教师运用这一方法的信念是什么，写下一个简单的关于信念的陈述就可以了；
- 当你观摩了20个课堂之后，拿着数据坐下问自己：我学到的哪些知识能够帮助我成为一名更优秀的教学领导。

领导班子活动

分析此处

目　的

首先要目标明确：

- 发现学校中的教学文化是如何对教学领导的工作产生影响的；

- 开展合作来分析，更好地理解面临的挑战，继续加强教学改革；
- 设想相关活动，把研讨会学习转移到现阶段教学领导实践中来。

视　角

教师和行政人员都处在一个教学文化当中，这是一个复杂的现象，既不易理解，又会误导大家。为了做到真正地理解，我们必须了解教学文化。

挑　战

为了更有效率，教学领导必须渗入教学文化内部，而这并不是件容易的事。教学领导面临的挑战是如何解读教学文化。

计　划

辅助单项目研讨会的基本步骤。

在研讨会之前：

- 让每位领导班子成员完成"对教学文化的分析"；
- 收集每位领导的总分，把每个人在第十部分的得分分别写在矩阵中。

与领导班子举行一场60分钟的研讨会议：

- 大家一起进行阅读对教学文化的分析；
- 识别主题和模式。

个人与团队的联系

1.参与者需要把自己独一无二的关于领导能力的挑战与研讨会内容进行联系。

2.领导班子需要问两个基本的问题。

- 我们学到了什么？
- 作为教学领导，我们要如何运用所学的知识来辅助我们的工作？

第四章　帮助教师学到更多教学知识

> 就像教学是一项文化性活动且难以改变一样，教师的学习也是一项文化性活动，因此它们受相同因素的制约。
>
> ——斯蒂格勒、希尔伯特

概　述

教学是首要的与学校相关的因素，会对学生的学习产生影响。这一观点是一项很重要的研究发现。它能够说明经验和常识的可信性。但是，和其他专业不同的是，大部分的教师很少通过观察别人的课堂来学习教学知识。教师们更喜欢通过专业发展和在职讲习班进行学习。

2009年关于美国教师的大都会人寿调查显示，大部分教师和校长都认为教师和学校领导的合作是改进学生学习水平的主要因素。而观摩他人的课堂并给出相应反馈却是人们最少使用的合作方式。这项调查表明，少于1/3的教师或校长表示他们经常观摩他人的课堂。作为一名教学领导，你所面临的挑战是如何鼓励教师学习更多的教学知识，尤其是通过他人的课堂来获得知识。当教师们更多地关注教学方法的时候，教学差距就不容易被消除了。

让我说得更清楚一些，讲习班本身没有错，如果这些讲习班是基于课堂并按照学生的需求设计的，那么必然能够帮助教师和教学领导改进教学实践。但是即使是最优秀的讲习班也不能达到教师通过课堂学习教学知识的效果。教师通过课堂进行学习的依据是加里摩尔（Gallimore）、俄莫林（Ermeling）、桑德斯（Saunders）以及戈登伯格（Goldenberg）的校本调查以及斯蒂格勒和希尔伯特的研究。他们认为教学本身才是学习如何改进教学的最好环境。经验告诉我们，对于一名教学领导来说，尝试着帮助教师学到更多教学知识才是最大的挑战。

本书的这一部分会给你提供一些想法和策略，来帮助你克服学校中教学研究的障碍，并让你重新思考教师们如何学习教学知识。教师学习更多教学知识能够帮助你调整信念和教学实践，与之相反的就是教学差距。

案例：我的方法很疯狂

约翰·苏伦（John Sullen）在某个郊区学区担任小学科学课程协调员，他的工作是帮助三年级至六年级的教师改进科学课的教学。约翰是科学课的高级教师，他被同事们认为是运用基于调研的科学课教学的专家，教师和学生们都很欣赏他的课程。在示范课之后，约翰会让教师们尝试他在示范课上运用的方法。在多数情况下，他的学区的小学科学课是通过传统的教学方式来教授的，教学中使用的是多种多样的文本资源、在线活动以及多媒体。

在过去的两年里，所有的四年级至六年级学生都要参加年末的州立科学课程测验。测验由3部分组成：基本科学事实、主要概念以及实验室经验。大家最关心的是学区内低水平的基于调研的实验室经验。

约翰被邀请来参加小学行政内阁会议，教师们希望他的建议能够帮助提升科学课程测验的分数。约翰告诉这些管理人员，虽然他一直在努力，但是大部分课堂的教师仍然对科学课的教学感觉不适应。他认为真正的关键在于基于调研的教学这一问题。三年级至六年级的教师们没有用这种方式教学的经验。

在行政内阁会议之后不久，教学监督助理提出要建立K-6年级科学课程委员会，并邀请约翰担任委员会主席，他们的目标是改进科学课程的水平和成果。在第一个夏季，他们有两个主要目标：

- 为三年级至六年级开展科学课程教学指导，为教师们提供教学方法的建议和资源；

- 进行两周的讲习班，主要讲授基于调研的科学课程教学法，在6所学校中的三年级至六年级里，每个年级各选出两名主导任课教师参加这次学习。

第一年

- 主导任课教师和约翰共同开展科学课程教学指导，尤其是学习基于调研的教学方法，教师们要进行课堂试验；
- 其他教师需要观摩课堂试验；
- 非主导任课教师要亲自尝试新的科学课教学方法；
- 大部分教师在科学课的教学方面没有什么改变；
- 学生科学课的水平与前一年一致。

第二年

- 再次开展暑期讲习班；
- 所有三年级至六年级的教师都要开始运用科学课教学指导；

- 约翰忙于观摩一个又一个课堂，来帮助教师运用新的教学方法；
- 有些教师很乐于运用基于调研的教学方法；
- 有些教师对于运用基于调研的教学方法犹豫不定；
- 学生的水平有些许下降，尤其是在第一、第二部分的科学事实以及主要概念方面。

第三年

- 暑季讲习班再一次开课；
- 约翰为一些在运用基于调研的教学方法有困难的教师进行教学指导；
- 很多教师的科学课程教学方法有所改变；
- 学生在第一、第二部分的科学事实以及主要概念方面的水平下降得更多了，在基于调研的实验室经验方面水平有所提高；
- 八年级、九年级的科学课程教师开始抱怨他们的管理人员，因为来他们年级的学生和以前的学生相比，在科学方面的水平很低。他们对主要科学概念的理解都较先前的学生有所下降，这是否是由新的教学法导致的呢？
- 一些小学教师开始质疑新的教学法，他们讨论着要重新使用他们习惯的传统教学法，他们说："至少我们知道我们在做什么。"

在第三年后期，教师们对于小学科学课的教学越来越困惑，并开始出现两个阵营：支持基于调研的科学课程教学方法的教师以及支持传统科学课程教学方法的教师。当大家聚在一个房间里，教师们就开始辩论，这一问题从未得到解决。有时候，一种教学方法会让大家抓狂，正如斯蒂格勒所说的："有的教学方法会比其他方法更有效，但是由于教学是个复杂的过程，所以通常在某一特定情况下，某个教学方法会变得更有效。因此，仅仅改变教师的教学方法是不够的，我们也需要提高教师在不同场合选择合适的教学方法并合理运用这一方法的能力。"

这个例子让我们更好地理解了下面4个重点问题：

- 教师运用的教学方法是因人而异的；
- 教学方法的选择属于教师的专业领域；
- 当教师选用的方法和以前的方法不同时，年级里的教师必须参与到实施的开始阶段中；
- 这不是一个"要么全部，要么没有"的情况。

教学方法的选择取决于学生的需求以及教师的技能，教师们需要知道何时、怎样来运用这些方法。

优秀的教学是什么

这是第四章重点要讨论的问题，也是所有关于教育的重要问题，令人惊讶的是，几乎很少有学校能够花时间来处理这一问题。这也许是由于教育者理所当然地认为每个人都应该知道优秀的教学是什么。没有什么比这种看法更偏离真理了。根据维果茨基的阐述，教学包含着对学生需要学习什么的了解，并且能够在最近发展区之内进行，最后为学生的学习搭起适合的脚手架，比如暗示、提示、线索和策略等。最近发展区指的是结合孩子们能够独立完成某项事情和他们在别人的帮助下完成某项事情之间的这一区域。有效的教学就要把每位孩子的最近发展区作为目标。

马丁·哈伯曼（Martin Haberman）进行了优秀教学的相关研究，他的研究值得大家重视。1991年，哈伯曼博士写了一篇经典的文章《低劣与优秀的教学法》，虽然他的研究是在城市教育中进行的，但是你可以感受到他已经认识到了当今大部分教师的教学方法。他列出了一系列的教师行为，这些能够在城市教育中发挥重要作用，并且能够较容易地应用在所有的教学实践之中：

- 提供信息；
- 提出问题；
- 指示方向；
- 布置课后作业；
- 检查课堂作业；
- 复习作业；
- 进行测验；
- 讲解测验；
- 布置家庭作业；
- 检查家庭作业；
- 布置问题并运用搜索引擎回答；
- 解决争议；
- 惩罚违约行为；
- 论文打分；
- 进行评分。

哈伯曼认为，教师的基本技能表现了所有年级和学科的特征。一个小学教师可能会通过阅读故事来获取信息，而高中教师则会通过阅读相关文章来获得知识。这些教师的行为都可以被称为教学。学生、家长、教育者、商业领袖以及政治家都把这样的行为称为教学。但是，这是否就是优秀的教学呢？为了回答这一重要问题，你和教师们需要运用哈伯曼的文章作为依据来探讨一下优秀的教学到底是什么。

校长需要在每一个员工发展活动上面示范有效的教学方法，在活动中教师就是需要学习知识的学生。

——安东尼

选择最好的教学方法

高级教师的标志之一就是他有能力针对某个特定的场合或学生的需求选择合适的教学方法。当然，如果教师们没有掌握多种多样的教学方法，那么也谈不上选择一说了。选择最合适的教学方法对教师们来说是一项挑战，下面的教学情境能够解释这其中的原因。

一名中学的社会研究课教师担心他的学生们没有深入思考美国独立战争的研究中的关键概念。学生对教材中的问题的口头回答并没有反映出教师所期望的理解程度。在教学中教师需要针对这一情况选择最合适的教学方法。教师也可以继续讲课并恳请学生努力思考。或者说，他可以为学生举一些例子，让学生知道什么才是对书上问题的最好回答，并要求学生们模仿着说出或写下答案。但是，这个教师也知道这样的情况还需要一些其他的东西来解决。他知道自己必须设计一些问题来鼓励学生积极参与、提高自信，并告诉学生应该怎样回答类似的问题。

通过向学生们展示自己的想法并示范回答课本上问题的最佳答案,他开始变得自信起来。接下来,教师要和学生一起写下示范过程中用到的策略,并邀请学生在大家分享答案的时候共同思考这些策略。最后,教师会给学生时间并帮助学生回答教师提出的新问题。不同之处是什么呢?

很显然,不同的地方就是教师。在教师的教学生涯中,他做了渐进式的改进,拓展了自己的教学方法。更重要的是,他知道什么时候、怎么调整自己的教学方法。这名社会研究课的教师不需要等着收集数据。他选择最合适的教学方法的依据就在他的面前——他的学生。通过倾听、与学生交谈并阅读他们写的答案,他发现这一课堂情形需要的是不同的教学方法,他有能力把这一想法付诸实践。

我认为教师们都知道他们要做什么、怎么做,如果他们知道如何改进教学的话,他们肯定就已经开始着手去改变了。

——比尔

当我们谈到帮助教师选择最合适的教学方法时,对于教学领导来说会得到3个重要的启示。

帮助教师拓展他们关于教学方法的知识

在着手去做之前,要和教师们探讨一下如何选择教学方法,是什么触发了他们改变教学方法的想法。要确定的是,你要清晰地知道为什么教师必须做到熟练选择最合适的教学方法。这对教师大有益处,并能够立刻收到回报,教学领导就是教师的引导者。

教师们可以从他们正在使用的教学法入手拓展相关知识，由于教师们是孤立的，他们很容易发现一个或几个自己不了解的教学法，那么就从熟悉的教学法开始着手。

当教师们对现在使用的教学法非常了解时，他们就可以与其他学校的教师交流其他的教学法，也可以阅读一些专业期刊。很少有教师共同针对教学法进行调查研究。

大量的经验和研究表明，当教师们观察学生的学习并共同观摩一节课时，他们会更容易发现拓展教学法相关知识的迫切性。

帮助教师成为更好的观察者

在课堂上观察和检查学生的成果能够给教学带来更多的启示。教师能够从学生那里获得知识，学生们会用自己的想法和行为挑战教育者们。学生们接受了成百个小时的课程。所以，他们能够对不同的教学方法做出区分。学生们知道有助于他们学习的教学法和让他们感到无聊的教学法之间的区别。

从教师已掌握的教学法出发，教师们现在已经做了些什么？他们接下来想要做些什么？

这里，我们要再一次强调教师们共同观看多媒体课堂并进行讨论的重要性。找到10~20分钟的相关课程的录像带，并注意学生们的所作所为。教师倾听和观看学生的所作所为是非常有必要的。

一对一或者以小组为单位采访学生，这能够让教师们快速地发现学生们对上课教授的概念的误解。教师从学生身上学到的东西能够影响他们对教学法的选择。学生们可能会说，教师的进度太快了，而他们需要教师们更多的示范。

录下教师的课堂，录像的关注点应该是学生的所作所为，而不是教师。教师观看这个录像并进行诊断，这些都能够帮助教师发现选择不同教学方法的必要性。学生们可能在完成家庭作业方面有困难，需要教师进行额外的讲解。

对于教学领导来说，共同教授一堂课也是很有用的，因为教师可以亲自观察自己的学生。他们在注意什么？这会带来什么样的启示？之后，要鼓励教师继续这样坐在课堂的一边观察学生并记录自己的所见所闻。他们从学生身上学到了什么呢？

——阿迪斯

帮助教师运用最合适的教学手段

虽然教师选择最合适的教学手段的能力得到了提升，但是他们可能在运用这些教学法的时候遇到困难。这就是教师们需要你的帮助的时候了，你要找时间和教师们谈一谈他们运用教学法的情况。帮他们发现难点在哪里，并与他人进行分享。

你的角色就是一名教练，你对教师们的指导可能是直接的，也可能是间接的。有时对最合适的教学法的运用需要大量的努力和付出。

当教师们在改进教学的过程中遇到困难时，你要学会鼓励、激励他们。

——杰伊

反映现实的镜子

"反映现实的镜子"引用自阿迪斯,这是让教师们走进课堂的基础。无论什么时候,只要你想帮助教师学习更多教学知识,你就要记起这句话。当教师们开始反思他们在课堂中的所作所为时,就是提升教学水平的过程。在教师们习惯这一点之前,他们更希望有一面镜子来反映别人的教学实际。下面是一些建议:

选择一小段课程(15~20分钟),并向教师们展示。确保教授这段课程的教师不是来自于你们学校,你选的这堂课没有必要好到无与伦比,要在教师之间有一定的可信性。

和教师们一起为这个课程制作一个简单的一览表,选出一些你和教师们感兴趣的方面。比如说,你和教师们可能想要找出教师给予学生反馈的方式或教师提问的方式。提醒教师把注意力放在教学上,而不是教师身上。教师们不允许评估课堂。这一活动的目标是通过这一段课程来讨论课堂观摩对教师们的价值。

至少重复1~2次这样的活动。每次选择不同的课程并制定不同的一览表。思考一些方式来激励教师们观察他人的课堂。鼓励教师们挑选出自己想要获得更多知识的方面。当教师们再次见面的时候,鼓励参与活动的教师分享他们的经验。

你要写下对教师们发言的总结,并确保这个总结人手一份。这样做的原因是总结能够为未来的员工大会提供帮助,并成为一项有价值的教学经验记录,能帮助教师们反思自己的教学。

我认为课堂是改进教学的最好地方，这能够帮助教师们尝试新想法，并针对学生的需求做出相应的调整。

——比尔

同事教学互审

同事间的教学互审指的是教师参与到教学方法发展的过程中，在这个环境下，同事互审并不意味着对彼此的教学进行评价，而是参与教学活动的教师们愿意通过分享专业知识和技能来促进教学。下面是一个例子：

案例：教学中的某个时刻

在某个大的农村学区中，六年级的教师担心自己的学生在理解物理、社会和历史特征的问题上有困难。其中的一部分原因就是地理问题，很多学生在运用地理技能方面有困难，比如说观察、看地图并对其进行解释、分类和组织。地理技能是社会研究课程不可少的一部分，很显然，前面的年级并没有重视这一问题。

当六年级的教师们聚在一起讨论这一情况时，他们很快发现他们对自己在地理方面的教学了解甚少。教师们认为他们首先要学习彼此的地理教学，教师们对这一想法很感兴趣，并分成了以2~3人为单位的小组。

几个月后，教师们聚在一起探讨他们的成果，他们运用的教学策略包括与学生的个人经验相联系、课本、打印材料、运用互动性的电脑软件以及其他多媒体装置。教师们认为自己掌握了教授地理技能的策略，并花费了大量时间进行教学。他们把自己的计划付诸实践。

同事互相观摩

当教师们自发地观察彼此的教学，并讨论他们的收获时，独立的同事观摩就产生了。在各项课堂活动之中，排在首要位置的就是独立的同事观摩。

虽然从观看教学视频到观察学生的成果，再到参与课程研究的过渡看起来很自然，但是正如你所知道的，事实并不是这样。你也许在一个把教师互相观摩教学当作常态的学校里工作，但是对于大部分教学领导来说，教师互相观摩是个例外。

你要记住的是，打开教室门的最好时机就是教师们寻找教学中遇到的问题的答案或尝试新的教学方法的时候。当教师们相信观摩课堂的关注点是方法而非教师的时候，他们都不会反对进行同事间的观摩的。

如果教师们担心实践问题或目标不明确时，即使是最自信、最有动力的教师也会对同事的观摩感到焦躁不安。就像我们之前说的，时间通常是阻碍教职工共同工作的元凶。但在同事观摩的问题上，就变得不一样了。除非教师找到了亲自观摩他人课堂的方法，否则教学领导的任何鼓励都可能会遭到抵制。

教学领导鼓励和支持独立同事观摩的步骤就是循序渐进的开始，这就意味着要了解并为教师个体营造舒适的环境，更重要的是要思考如何让教师更轻松地走进彼此的课堂。在最后，教师必须相信他们有合理的原因去参加同事观摩。如果他们认为同事观摩没有价值，那么你就不算成功。

另外，同事观摩的本质是教师们如何运用所学的知识来观察彼此的课堂，这一实践的真正潜力在于教师们互相谈到从彼此身上学到的知识。教学领导力的目标就是让教师能够独立进行富有成效的讨论活动。你可以通过一些特定的方式来辅助这类高水平的专业互动。

教师主导的教学圈子

教学圈子通常与学校的教学相联系，通常只对K-12年级的教师起作用。教学圈子由小团体的教师组成，这些教师对于教学有着共同的担忧和兴趣。他们定期见面并形成和分享彼此的想法、提供解决教学问题的方法，成为彼此的顾问。教学圈子中讨论的重点通常是教学方法的改进。

教学圈子中的教师来自于相同的部门、年级或跨学科小组。教学小组成功的关键在于，他们是自愿的、教师主导的，并以教学为中心的。由于参与者的背景不同，讨论的话题也可以多种多样。下面是一些K-12年级的教学圈子可能会讨论的话题：

- 提出更高层次的问题。
- 讨论如何促进学习中心的建立。
- 为课堂搭建桥梁。
- 通过观察学生的合作，我们可以学到什么？
- 对于学生来说，我应该怎样让教学小组灵活而富有挑战？
- 建立行为管理机制是不是个好办法？
- 如何让学生参与到大群体中？

- 这些会在考试中出现吗？
- 如何在课堂上实施小组合作？
- 如何在核心的学术领域运用策略教学？
- 如何运用技术和其他教学媒体？
- 讨论并实施某人的教学愿景。

教学圈子引入话题的比较好的时机是在教师们对教学中的某方面感兴趣时，比如教授微型课堂。你可以帮助某位教师学习如何开展第一个教学圈子。

讨论的话题

- 引导者可以提供一些例子；
- 教学圈子中其他人的看法；
- 关注具体事情，而不是抽象的事情；
- 举行会议；
- 实际讨论；
- 让会议吸引大家的兴趣，并对教学有价值；
- 值得花费时间；
- 会议类型；
- 早餐、午餐、放学后；
- 通常的计划期；
- 基本原则；
- 特邀发言人；
- 不同视角或意见；

- 不要讨论非正式、随意的看法；
- 小组决定成员；
- 对每位教师开放；
- 针对特定部门或者年级开放；
- 适应与改变。

教师主导的讨论小组的优势包括教师间相互交流、交换想法和教学法、加强专业知识以及为新加入部门或年级的教师和员工提供学习学校教学大纲的机会。

教师主导的课程研究

因为与斯蒂格勒和希尔伯特的改进教学六原则一致，课程研究在第一章时被首次提及。课程研究的实施源于日本，对于教师为学生提供更好的学习机会这一点来说，课程研究是一种久经考验的方法。用最简单的术语来说，通过课程研究，教师可以检验自己的教学实践，并且改进为学生提供的经验的有效性。

课程研究的成功与否取决于教师的学习，而非课程是否完美。教师们共同教授、观察、讨论以及确定课程。

给教学领导的启示

在尝试这个方法来为学生创造更好的学习机会之前，课程研究的开展会面临几项挑战。下面是一些建议，能够帮助你们解决促进课程研究对教学领导能力的挑战。

提供时间

课程研究的时间很集中，并需要大量的先进的计划和调配。如果可能的话，从一小群教师开始展开，这些教师要有着共同的规划实践或者很少与教学日程有时间冲突。

关注课程研究

选择正确的目标和相关的知识是最基本的前提，这样能保证课程研究对教师和学生的价值。如果教师们投入课程研究之中，他们就必须集中精力教授课程研究知识。选择某位教师来教授课程研究知识很简单，可以让教师们轮流自愿进行。这通常取决于小组内的经验以及成员间的关系。事实是教师们需要合作开展课程，而关注点在于教学方法，而不是教师。这样能够减少教师们站在同事面前的紧张心理。

为任务建立指导方针

小组需要决定进行课程研究的指导方针，最明智的做法是先拟定一个草案，然后在需要的时候进行补充和更改。

选择引导者

一个好的引导者能够为课程研究的成功起到重要作用。如果可能的话，找到某位有经验的人作为引导者。

教师主导的学习和改进

大部分教师的工作都独立于伦纳德（Leonard）的研究。下面是他的研究成果，这些能够解释为什么教师在进行课程改进的时候会遇到困难。

做正确的事情

• 教师认为学校对常规的、高水平的协同参与没有表现出期待和支持；

• 教师的工作仍然被定义为竞赛和个人主义，并且缺乏信任以及对合作实践有益的环境；

• 包含着不同专业意见和实践的教学中隐藏的价值与信念需要得到更多的重视；

• 教师们对时间安排和拨款很不满意，这也阻碍了合作实践的进程；

• 为改善教师们的合作技能，教师们需要发展自己的专业。

但是，我们还是有希望的。对于教师驱动的改革小组来说，下面是两个重要的研究发现，让我们知道我们有理由克服合作实践中遇到的问题，并保持乐观：

• 教师们需要常规的专业发展来加深他们的学科教学知识，也需要稳定的研究与学习环境来把他们的知识转换成更优秀的课堂实践；

• 虽然行政上是支持的，但是合作的时间不能改进教学成绩，除非有额外的条件来调整运用的结构，这些条件就是领导能力和协议。

在学以致用的过程中，有计划的教学领导能够提供加里摩尔所说的关键学习机会。他认为："当教师和员工着眼于特定的学习需要并转而关注解决方案的寻求时，关键的学习机会就产生了。这不仅仅是尝试多种多样的教学活动或改进策略。这些关键的学习机会能够吸引教师的注意，并帮助他们发现教师的教与学生的学之间的因果联系。"

基于调研的方案

桑德斯和同事们认为,对于帮助教师学习更多教学知识并解决教学问题来说,有两个重要因素:切实可行的基于调查的议案以及领导能力。

小组将会做以下事情:

- 找出一位需要共同合作的特定的普通学生;
- 为共同需要制定清晰的目标;
- 确定着眼点来解决这一共同需要;
- 决定某个必要的准备工作来关注课堂或其他地方;
- 尝试着把小组的关注点放在课堂或其他地方;
- 分析学生的工作或行为,确定目标是否实现并评估结果;
- 再次评估,继续和重复这些过程或者进入学生需要的下一领域。

鼓励教师参观彼此的课堂,教师们可以从彼此身上学到更多的知识,并有机会观察学习者的所作所为。

——阿迪斯

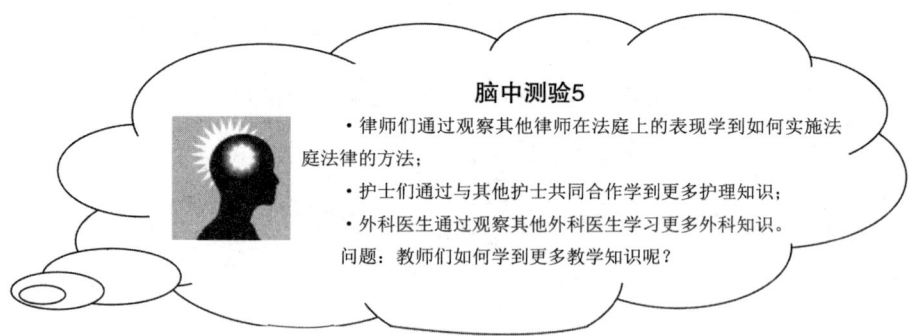

脑中测验5
- 律师们通过观察其他律师在法庭上的表现学到如何实施法庭法律的方法;
- 护士们通过与其他护士共同合作学到更多护理知识;
- 外科医生通过观察其他外科医生学习更多外科知识。

问题:教师们如何学到更多教学知识呢?

反思日记

第四章的目的是说明杜威的结论的正确性,"集中的、重点突出的多方面实践的机会和这一经验中学到的知识"是教学改进应用的方式。在进入第五章之前,腾出时间记录你的反思日记。下面是写反思日记的一些话题的建议,选择一个最能为你的工作带来启示的话题进行写作。

疯狂的方法

如果你遇到了这样一种情境,在这一情境中,某个年级的教师们需要应用某一他们上一年级和下一年级教师不熟悉的教学方法,你可能需要回答下列问题:

- 领导怎样处理这一情况?
- 结果是什么?
- 你从中学到了什么?

文化连接

假设你发现你们学校的文化与合作实践背道而驰。竞争、个人主义以及缺乏信任的环境压制着真正意义上的协同合作。

- 你怎么解决这一问题?
- 需要涉及谁?
- 你的首要目标是什么?

专业群体

一些专业群体支持传统教学法，而其他专业群体支持创新型的教学法。观察一下你所在的学校，你看到的是哪种专业团体呢？作为一名教学领导，这些会给你带来什么样的变化呢？

试试看：以身作则

第四章的内容是帮助教师学习更多的教学知识，尤其是通过课堂进行学习。但是这不是一项简单的任务！

正如你知道的，很多教师不愿意观摩同事的课堂，你体会过这样的感受吗？

如果没有的话，那么试试看：

- 和一名你很了解并愿意尝试基于调研的学习的教师合作；
- 询问这位教师是否愿意让你进入他的课堂并教授30分钟左右他的课程；
- 在与这名教师制订好计划后，用你认为正确的方式开展课程；
- 让教师观察你的课堂并给你目的明确的反馈，来帮助你取得进步，这是这项调研的关键；
- 和这位教师见面，并倾听他的想法；
- 询问这位教师是否从观察你的教学中受益，思考一下你从这一体验中学到的能够帮助教师彼此学习的知识。

试试看：询问教师

谈到帮助教师选择最好的教学方法时，第四章为教学领导提供了一个独特的结构。

我们不常见到教学领导花费大量时间与教师谈论他们的教学方法，比如如何选择新的方法、观察学生以及改革的实施。

尽管不常见，但你仍然需要进行尝试。所以，试试看：

- 首先，熟悉教学领导的3个启示；
- 选择两个卓有成效的、愿意和你共同讨论如何选择教学法的教师。

让讨论简单一些，为下面的3个问题做笔记。

- 他们怎样拓展与教学法相关的知识？
- 对学生的观察是怎样影响你对教学法的选择的？是否能举例说明？
- 如果你决定运用一种不同的教学法，你会怎样实施这次改变呢？

从与卓有成效的教师的讨论中，你的收获能够帮助你成为一名更有智慧的教学领导，让你能够帮助那些能力较弱的教师选择更好的教学方法。

领导班子活动

欣赏式调研

目　的

首先明确目标：

- 领导班子将共同合作来发现帮助教师从彼此的课堂学习更多教学知识的新方法；

- 设想相关活动来把研讨会学习转移到现阶段教学领导实践中来。

角　度

与其他专业不同，教学一直都是相对孤立的学科，即使是现在，很多教师仍然专注于自己的工作，很少去观摩同事的课堂。为什么？

挑　战

为了更有成效，教学领导必须不断努力找出改进教学的障碍，其中一个障碍就是教师孤立，也就是教师在自己的教室独立工作。

计　划

辅助单项目研讨会的基本步骤：

1.与领导班子举行一场60分钟的研讨会议以及一周后的后续会议。

2.每个人都要完成下列的T形表。

- 左侧：当教师教学时，什么阻止了他们需要另一名教师走进他们的课堂的想法？

- 右侧：什么阻止了教师走进同事教室观摩课堂的想法？

3.跟进。

- 让每位领导在他们的学校、年级或部门和教师们重复这一感官性的活动；

- 再次见面并讨论他们的发现。

4.编辑所有T形表并分发到每位成员手中。

个人与团队的联系

- 参与者需要把自己独一无二的关于领导能力的挑战与研讨会内容进行联系；

- 领导班子需要问两个基本的问题：我们学到了什么？作为一名教学领导，我们要如何运用所学的知识来辅助我们的工作？

第五章　成功领导教学改革

只有我们建立一种所有教育者都在学习如何提高他们专业技能的学校，学生的学习水平才会得到提升。

——瓦格纳（Wagner）

概　述

现在，似乎每个人都在呼吁改革，同时，很多教学领导、教师以及行政人员每天都要承受着提高学生学习水平的压力。

假设麦克·弗里伍德（Mick Fleetwood）组织了一个乐队，名为弗里伍德教育者而非弗里伍德乐队。他的成名曲《变革之风》的歌词可能会这样写："教学变革之风并没有刮走。"如果你是一名教学领导，那么你会很明白这其中的含义——教学改革的需要并不会离开。教学领导在教学改革中感受到的压力是真实的，对于很多教学领导来说，教学改革之风应该更准确地被描述成迎面而来的飓风。就像所有飓风一样，没有哪两种飓风是完全一样的。为了成功，最优秀的教学领导要拓展新的角度和想法，不能保证过去的成功。有时，过去的成功可能会让教育者依赖于他们所做的事情，从而阻止改革的需要。

这本书的一个基本宗旨是优秀的领导能够激励人们进行改革，作为教学领导，你是改革进程中的重要角色。成功的教学领导很清楚改革的机制。他们调整自己的领导责任与实践来适应不同程度的改革。最重要的是，他们能够通过改变人性来进行有效的工作。成功的教学领导明白这其中的动态关系，并能够运用正确的判断力来处理人们的反对，他们更有机会来消除教学差距。

这一章会帮助你面对引领教学改革过程中的挑战，你要记住，如果你要成功，那么你就需要对自己做一些改变。你的目标是把飓风变为和风。下面的例子会给你提供一个现实的角度来更好地理解领导教学改革的复杂性。

案例：什么时候推翻

安玛莉·科斯特洛（Annemarie Costello）是一个有经验的中学社会研究课教师，她已经当了3年的校长助理。学校的领导班子包括校长、另一名校长助理以及5名每天教3堂课的教师领导。安玛莉被校长指派来领导教学改革，而另一名校长助理负责管理日程、学生活动、家庭与学校的关系以及纪律。安玛莉的责任包括与教师领导组成教学领导班子并共同工作。学校的六年级至八年级一共有875名学生，全部学生中的65%都有免费的或者减价的午餐。

在连续的3年里，3个年级阅读理解的分数下降了。对形成性和总结性评价的分析表明，很多学生都在阅读非小说类的文章中有困难，尤其是数学、社会研究和科学类文章。学生们缺乏下结论、确定重要性、用自己的话总结文章、对比和比较看法、总结概念和重要信息、用事实和证据支持观点的技能。教师们也在学生的每日作业中发现了这些方面的不足。

数学、社会研究学和科学课的教师们的教学更倾向于以教师为中心的传统教学。多年来，他们一直使用同一种教学方法。而主要学科的教师们在学生的成就上有很好的结果，新的州立测试需要更高的技能——这些技能正是大部分同学所缺少的。数学、社会研究学和科学课的教师们很愿意承认他们并不是文化教员，并期望学生们能够带着基本的阅读和写作知识进入课堂。他们认为，这些技能最好是在小学和中学的英语语言艺术课上学习。

安玛莉整个夏天都觉得阅读理解的改进应该成为中学改革计划中的第一目标。在9月，她和学区的阅读学科主任一起开展了数据驱动的教学领导班子会议。会议的目的就是让大家明白改进阅读理解的迫切性。

安玛莉和教学领导班子看了一些可行的方法，决定进行一个综合的专业发展计划，其中包括4次两小时的讲习班以及后续的课堂支持。做这些的目标就是帮助主要学科的教师学习如何把教学策略运用到实际教学中，教师需要帮助学生成为自我导向型学习者，并具备调整学习方法的能力，校长完全赞同教学领导班子的实施计划。

安玛莉在9月和主要学科的教师们见面，以便于展示他们的改进计划。会面进行得很顺利，教师们提出了几个问题。看起来教职工已经做好准备面对这一挑战，并愿意把教学策略运用到实际当中。

在10月末，所有主要学科的教师都投入专业发展项目中，并学习了很多有效的策略来改进阅读理解。安玛莉忙于确认专业发展的进程是否顺利以及参与的教师是否在实施的过程中感受到了支持。情况一直这样延续到11月和12月。

暑假之后,安玛莉开始听到一些"窃窃私语",很多人说教学策略的实施并不那么顺利。教学领导班子中的教师领导说很多主要学科的教师倍感压力,并觉得自己花了太多时间在课堂上教授阅读策略。他们很担心会跟不上原有的教学进度。

很多教师抱怨他们没有参与到实施教学策略的决策之中,在第二年的1月末,主要专业的教师变得很沮丧,并请求和校长开一次会来表达他们的担忧。

教学领导从没想过自己的意见会被推翻,尤其是他们试图领导教学改革时。当然,如果员工从一开始就能参与,在安玛莉和她的教学领导班子身上发生的事情是可以避免的。这并不是问题的关键,问题的关键在于领导改革,尤其是把教师拉出原来舒适的区域,需要对领导责任和实践进行调整。对于共同工作的教师们来说,你是改革教学方法的关键所在,所以你要推翻你原来的想法。

这一进程的第一部分和信念与行动的距离有关,公平地说,对于教师或教学领导来说,把他们的信念付诸实践确实不是一件容易的事。然而,重要的是要经常把这些信念提升到意识层面。这是个人问责制的开始,我们要问自己:我做到了我说的和我相信的那些了吗?答案并不是在无效的教学法上花更多的时间。

调整实践与信念

设想一下这样的场景,你走进校园,在教学楼前面你看到了这样一张海报，题为《我们关于学生学习的信念》。你停下来阅读海报上对信念的阐述，上面说"我们相信学生们被灌输知识后才理解知识，知识是需要构建的，这样学生们才能看到他们理解事物的能力"。被这些信念所激励，你继续走在走廊上，在路过的教室前停下脚步。一开始你只是把这些课堂中的现象归类为不良时机，但走过一间又一间教室后，你发现了相同的事情：学生们坐在课桌前，看起来很无聊，复制着智能黑板上的笔记。这并不是你期望看到的场景。

作为一名教学领导，毋庸置疑的是，你看到的场景和学校对于学习的信念截然不同。这种信念和实践的不同也存在于公认的优秀学校中。

阿基里斯的看法可能会帮助你理解信念和实践不匹配的原理。"简单地说，人们的行为一直是不一致的，人们没有注意到他们支持的理论与他们正在用的理论之间的矛盾，以及他们认为他们正在做的和他们真正做的事情之间的矛盾。"用这句话来解释你看到的学校中信念和实施的差异就是教师们对于教学的想法和学生们真正接受的教育是不一致的。在继续阅读这一章时，你要时刻记住这一点，因为这是解释教师抵制课堂实践的重要原因。

和教师的谈话帮助我了解了自己的风格，并指导我应该如何调整我的风格来满足不同员工的需要。

——比尔

你知道的事并不总是等同于你正在做的事

21世纪的教学技能更倾向于以学生为中心的教学法，比如基于问题的学习和基于项目的学习，这些能够让学生合作解决实际问题并参与到团体之中。这些方式被广泛赞扬并能够在任何一本教学法的书籍上找到。教师们知道这些知识并相信它们是有效的。然而，教师们并没有运用这些方法。最近的数据表明，大部分的教学时间都是由教师主导的课堂作业和整节课的讲授组成的。

改变不能让学生们成功的教学法

最优秀的教师是很了解学生的，而最优秀的教学领导也是很了解教师的。当你和教师们一起改变教学方法时，要记住下面几个重要的注意事项：

触及某人的教学是件私人的事情，在美国大部分学校的教学文化中，教师们对选择教学法抱有强硬的态度，并且更喜欢在自己的课堂上享有专业上的主动权。教学领导一定不要忽视教师们真正在使用的教学法，尽管这些方法有的不能帮助学生获得成功或提供更好的学习机会。这一动态现象会在教师的抵制这一部分更详细阐述。有的教师会开发自己的教学方法，他们更喜欢基于自己学生的需要来创造策略。他们很少寻求外部的支持，他们的教学方法是自己的。你可以把他们称为自我主导的教师，他们认为教学法必须以学生为中心。

当需要进行教学方法改革的时候，自我导向型教师并没有因此感到不安。自我导向型教师把灵活性看作是教授兴趣不高的学生的一种手段。你要去了解这些卓有成效的独行者，因为他们既可以支持改革，又可能成为改革的反对者。

有的教师发现他们很难开发自己的方法，他们很大程度上依赖于外界来源，并认为自己用的教学法是最有效的。你也要了解这些教师，因为他们通常是抵制教学改革的那群人。

也有很多教师的方法介于自我导向型和依赖型之间，这些教师占大多数。对你来说，最重要的事情是尽可能多地了解你们学校或学区正在使用的教学方法。这不是简单的谁对谁错的问题。你要了解教学法的实践，这样你才能更有效地和教师们一起为改进教学法和帮助学生取得成功而努力。

要成为一名对教师有帮助的教学领导需要知道学校中每位教师的风格、特点、优点、缺点和有效性。

——安东尼

下面展示了一些实践习惯，能够使教师在改进教学法中遇到困难。阅读这些实践习惯，并思考你所做和所想的是否能帮助教师们进行教学改革。和其他教师们一起来阅读以下内容：
- 喜欢以技巧为基础的数学教学的小学教师可能会觉得他们很难向注重概念、解释以及原因的发展型教学转变；
- 经常问问题的教师可能会觉得他们很难向让学生总结和评估问题的教学方法转变；
- 提供进行基于调研的学习条件的科学课程教师可能会觉得他们很难向运用脚本、程序化实验练习的教学法转变；
- 运用多媒体来激励学生创造性的教师可能会觉得他们很难向基于商用软件和演示的教学法转变；

• 运用基础读本和受控词表的阅读教师可能会觉得他们很难向运用共同的阅读指导的教学法转变；

• 运用演讲和课本教授课程的社会研究学教师会发现他们很难向那些包含真实学习项目和自我发现的教学法转变；

• 用单词书和测验教授单词定义的外国语教师可能觉得很难向让学生沉浸于第二外语环境的会话教学法转变；

• 让学生根据兴趣写作文的英语教师可能很难向让学生根据提示和给定情景写文章的教学法转变；

• 面向全班教学的教师可能很难向合作学习和小组教学的教学法转变；

• 带领学生参加多样的附近范围的修学访问的教师可能很难向基于兴趣的"实地考察旅行"转变；

• 教授如何理解相关知识的教师可能很难向强调记忆力的项目转变；

• 通过让学生自己解决新概念和新想法的教师可能很难向更结构化的新教学法转变；

• 着眼于发展式学习的小学教师可能很难向强制性项目转变；

• 给学生留很多作业的小学教师可能很难向给予学生个体需要的发展性项目转变。

我们确定了学生需求后，教学领导和教师们要聚到一起发现不足、审视现在的教学法、决定是否需要改进或修改教学法、研究最好的教学方法、制订前进的计划、实施计划以及仔细衡量结果并做出调整。

下面是一个简单的指导性活动，能够帮助你说明引导反思的重要性。最好是写下你对每一个问题的回答。试试看。

第一，作为一名教学领导，思考一下最为紧迫的挑战是什么。你要确定其中包含着改进教学方法。比如说，帮助高中教师建立以学习者为中心的课堂环境。

第二，用一句话描述改革的目标。比如，关注学生的想法、知识技能和态度的教学，并为新知识奠定基础。

第三，列出3种你已经做了的或者将要去做的能够帮助你领导这次改革的事情。

- 让一组教师在以学生为中心的课堂观摩几节课并进行后续讨论，确定你观察到的策略；
- 组织一次讨论，主要讨论关于某篇以学生为中心的教学文章，共同确定一个前行的着眼点；
- 两人一组进行合作，让教师们制定课程，课程开始要确定学生的经验和背景知识。一名教师教授课程；另一名教师观察课堂，在讨论这堂课和基于第一堂课进行调整之后，角色互换，再次重复这堂课。每一组教师在下次小组会面的时候分享他们学到的以学生为中心的教学相关知识。

第四，确定教师们的真实的或者将要遇到的困难。比如，教师们可能会跟不上课程进度。你对这样的困难会有什么反应？你该如何帮助这样的教师？

为教师提供时间来共同分析学生的作业，并分享他们对于学生学习的看法，教学时如何帮助学生达到最好学习效果。

——安妮塔

开拓"行为理论"视角

> 我们有太多动听的言辞和太少行动来回应这些言辞。
>
> ——艾比盖尔·亚当斯（Abigail Adams）

行为理论视角是领导观察一个组织从现有的状态转向期望状态的一种方式，它对于教学领导来说在消除教学差距方面很有帮助。行为理论回答了这样的问题：教学领导做了他承诺要做的事情了吗？通过一个简单的草案，教学领导能够运用行为理论了解改革的本质、原因以及方式。

在表5.1、表5.2、表5.3中，主要列出了从指导经验中得到的3种行为理论。很多学校领导已经用了这些理论来指导学校的教学改革。在每个例子中，教学领导都根据学生的迫切需要来开展行为理论。教学领导主要依赖于与教师的广泛合作、基于课堂的调研以及坚持不懈的努力。

表5.1 小学校长阅读理解

期望的教学改革	解释原因	领导的全部策略	如果有，那么陈述	行动和关系
在K-5年级改进我们教授阅读理解课程的方法。	在三年级中展开，学生们在理解主要学科方面有困难，学生缺乏的技能包括总结、推断以及比较。	通过合作调研确定现用的教学方法的优势，依靠这些优势帮助教师学习其他教学法，着重关注内容领域的阅读。	如果K-5年级教师和我都在一段时间内持续关注阅读理解，那么我们会找到帮助学生更好地理解主要学科的办法。	与教师建立合作性的基于调研的关系，为教师的相互学习提供指导和帮助，采访四年级至五年级的学生。

表5.2　中学部主任的问题解决

期望的教学改革	解释原因	领导的全部策略	如果有，那么陈述	行动和关系
改进教授问题的方法。	六年级至八年级的学生在解决州立考试第二部分的问题方面存在困难，他们需要更好的解决问题的办法。	关注第二部分的学习，教师分析他们手中的数据，和教师们讨论螺旋效应。	如果我继续强调有难度的话题的重要性，那么部门里的教师会把它放在教学的首位。	与员工多合作，和员工进行突袭访问，向领导寻求更多帮助。

表5.3　高中校长助理资格考试

期望的教学改革	解释原因	领导的全部策略	如果有，那么陈述	行动和关系
把地理科学与化学中的资格考试成绩提升到熟练程度的80%。	层次一：学生的表现低于期望；层次二：学生没有发展成为他们能够成为的科学课学生；层次三：打破教师对教与学的心理阻碍。	教师开展形成性评价，教师们开始规划学生成功需要的技能。	如果我创造了条件让教师们认识到开展准确的形成性评价的需要，那么教室的氛围就是测验，而学生在终结性考试中的表现就能够因为教师的帮助而得到提升。	帮助教师共同制订计划，让教师开展形成性评价，与科学课教师建立更好的教学关系。

为了更有效率，参与到发展进程中的每一位教师都必须透彻地了解行为理论。如果教师们没有理解行为理论的内容，那么预期的行为和关系就难以实现。

领导的步骤和相关提示

首先，思考一下你需要进行提高学生成绩的教学改革。

- 这样的改革不必是学生评价中的某个不足之处；
- 改革可以是综合性和前瞻性的思维，比如，需要在所有年级和所有学科内提供更多真实的学习机会；

- 在员工、年级或者部门会议上讨论提出的改革；
- 没有秘密，所有专家必须有发表观点的机会，这也就是改革的重要原因，很多改革的倡导者都因为领导不能理解他们所作所为的原因而以失败告终；
- 需要有既主观又客观的逻辑解释；
- 要促进一系列基于调研的讨论，来谈到改革非小说类文章写作的需求；
- 简明扼要；
- 不要复制别人的话，用你自己的语言，行为和关系可能是最难开展的两项，但不要不管它们，你可以全部依靠自己完成这次改革；
- 你需要建立或加强你和其他专家的关系；
- 如果你需要调整这样的关系，那么具体说明是什么关系。

行为理论通常用改进教与学来衡量。你使用的决定结果的过程、步骤和工具因人而异，主要取决于需要改革的主动性。记住，测验不能衡量所有事情。

除了教师和学校领导的反馈外，你要认真倾听学生的想法，毕竟他们是教学的接受者。像医院中影响治疗的患者一样，我们也要允许学生们影响学习，问题的关键就是倾听。

学生通过学习向我发出挑战，也让我重新思考学习者与学习之间的关系。

—— 阿迪斯

拓展行为理论是一个必要的开端。这表明你对激励改革并获得更好成果的严肃态度。但是，正如我的第二负责人所说的："空谈不如实践。"在下一节，你会有机会开展实践。

引领二级改革

这一部分将探讨层次的变化，这就意味着一些教师可能会觉得教学改革超出了他们实践能力的范围，他们认为使用以前的方法会更容易，下面列出的例子会帮助你更了解这一论题。

案例：学校转型

詹姆斯·波兰（James Poland）是林肯小学的校长，这个学校位于一个中型都市，是一所社区学校，五年制等级学生的人数大概为620人。

社区的人主要属于中下层阶级。就像国家的其他地区一样，他们的未就业率也在升高，有的教师自己小时候也就读于这所学校。和其他小学相比，林肯小学在所有州立测验中的得分都高于平均分。社区中没有中学，所以林肯小学毕业生的父母必须在全市的8所中学中进行选择。从2004年开展的后续研究表明，林肯小学毕业的学生在六年级至八年级时的水平或者停滞不前或者降低。

詹姆斯是教职工，而家长协会多年来一直为林肯小学的毕业生担心。他们的努力包括通过分析林肯小学的学生在中学不能保持或提升水平的原因。这一调研的结果表明林肯小学的毕业生不能满足内容领域的更高要求。尽管林肯小学的学生在阅读方面没有问题，但他们缺乏更高水平的阅读理解技巧和策略。

詹姆斯和林肯小学委员会面临的窘境有两个可行的解决办法：

- 改变五年制的教学大纲；
- 把学校变为八年制的学校。

由于没有改变学校等级的资金，林肯小学的家长、员工和行政人员决定对所有年级进行教学大纲的改革。

在几个月的讨论后，林肯小学委员会在詹姆斯的领导下统一进行如下工作：

由于很多离开林肯小学的学生都在更高层次的学习方面有障碍，所以他们需要改进现有的教学大纲。我们的行为理论就是我们是否能够帮助学生拓展技能和策略，让他们能够在六年级至八年级获得成功。詹姆斯和领导班子成员一起研究了一系列行动方案，其中包括管理的学习与合作。

在第一年年末，教职工感到筋疲力尽，而家长感到很沮丧。教师抱怨他们在会议和讲习班上花费了太多时间，他们要实施自己不熟悉的教学方法。一些教师觉得失去了对自己教学能力的信心。

相反，当学生们被要求达到更高的理解层次时，他们变得越来越困惑。他们在家中抱怨课业的难度太大，上学很枯燥，一些孩子央求家长让他们待在家中。

很多时候詹姆斯觉得自己孤立无援，他很困惑事情为什么会变成这样，到底是哪里做得不对，究竟是为什么？

遗憾的是，这个案例源于一个真实的故事，除了好的期望之外，改革的结果对学生、教师、家长或行政人员来说都不尽如人意。你可能会感觉到教学领导相关的问题。詹姆斯和学校的其他领导没有理解学校变革对整个林肯小学委员会的巨大影响。

这一案例告诉我们，教师们对改革的感知是多么重要，詹姆斯和学校的其他领导没有意识到改革的量级。为了更好地理解改革的影响，请回答下表5.4中的问题。

表5.4

"行动方案"的相关问题	是	否
你是否认为如果不彻底改变林肯小学的教学实践，那么这个"行动方案"就不可以实施？		
你认为转型对于林肯小学现存的教学大纲来说是否符合逻辑的拓展和延伸？		
你觉得提出的教学改革是否符合林肯小学大部分教师现有的价值观和信念机制？		
你是否认为"行动方案"可以通过林肯小学教师现有的知识和技能来实施？		
你是否认为提出的教学改革可以在林肯小学现有的资源中实施？		
你是否认为在林肯小学委员会，大家都一致认同"行动方案"的必要性？		

在林肯小学的案例中，如果你的回答中"是"多于"否"，那么转型的计划属于一级改革。大部分人很少注意其中的不同。改革的量级很少需要领导责任的改变或调整。

如果你的回答中"否"多于"是"，那么转型计划属于二级改革。二级改革是复杂的，并且与过去相脱离。

学校中改革的量级界定了教学领导的实施工作，一级改革的3项实践任务是促进合作、幸福感以及员工凝聚力,这些都是领导成功实施改革的必要条件。然而,对于二级改革来说,3项实践任务不能满足教学领导的责任。主要有以下两个原因:

- 二级改革需要领导和员工更广泛的合作,二级改革可能会破坏合作、幸福感和凝聚力;
- 二级改革可能会遭遇群体认同、改变工作关系、面临专业知识和能力的挑战,这些都不利于合作、凝聚力和幸福感。

上面的两个观点和下面的表格都是基于一项元分析研究报告,报告的题为《未定的领导力:30年的研究告诉我们领导力对学生学习水平的影响是什么》。

确定改革的量级

尽管不同的人会对改革的量级有不同的看法,但是根据表5.5、表5.6,人们会得出相对准确的量级。了解改革量级对行为理论至关重要。

表5.5

一级改革	二级改革
过去的眼神。	与过去脱节。
在现存的范例之中。	在现存的范例之外。
与现行的标准和价值观一致。	与现行的标准和价值观相反。
增加的。	复杂的。
线性的。	非线性的。
通过现有知识和技能实施。	需要新的知识和技能。
专家实施。	利害关系者实施。

表5.6

"行动方案"相关问题	是	否
不彻底改变教学实践的情况下,"行动方案"可以实施吗?		
新的工作是否是过去逻辑的延伸?		
新的工作是否与教师现有的教学价值和信念一致呢?		
"行动方案"可以通过教师们现有的知识和技能来实施吗?		
新的工作能够通过可用的资源来实施吗?		
是否一致认可"行动方案"的重要性?		

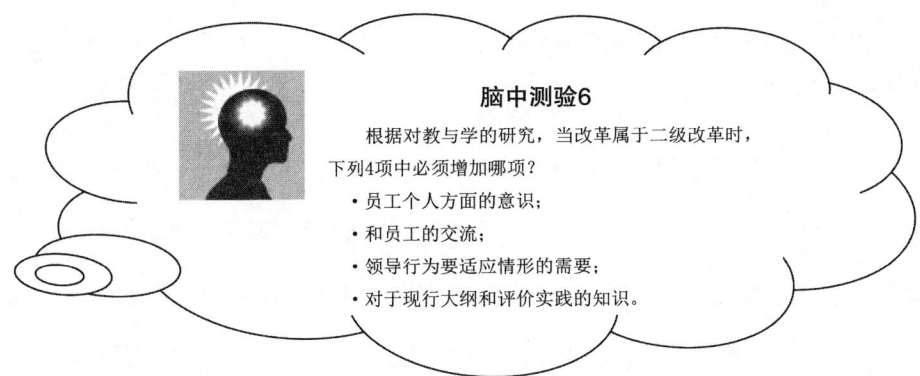

脑中测验6

根据对教与学的研究,当改革属于二级改革时,下列4项中必须增加哪项?
- 员工个人方面的意识;
- 和员工的交流;
- 领导行为要适应情形的需要;
- 对于现行大纲和评价实践的知识。

抵制教学改革

并不是所有的改革都很强大,奈特(Knight)提醒教学领导们如果教师们不相信新的实践会给学生的学习带来影响,那么他们可能会抵制教学改革的需要。教师们可能会觉得他们已经见过了太多的强制性改革,而这些并没有让学生受益,并且剥夺了教师们的教学时间。

克服对改革的抵制

奈特的研究提供了教师抵制教学改革的原因,就像听起来一样奇怪,应对反对的声音通常是加强教学的一部分。作为一名教学领导，你可以学习如何应对反对的声音。下面是对某项行动的反对之声，会帮助你学习克服它们的方法。

教学领导的悲哀

在某个无聊的研讨会上，教学领导开始打瞌睡，并梦想进行学校改革。也许这是一个噩梦，但这确实是真实的。在他的梦里，他发现自己所在的学校正在进行着教学改革。改革的任务就是让每位学生获得最大的成功。新的大纲正在实施，讲习班正在开展，教学领导班子忙于制订计划。

两名没有经验的教师对新的基于调研的科学课大纲很感兴趣，在角落里坐着3名教师，他们看起来脾气很暴躁，教学领导侧耳倾听他们的谈话。"是的，我们又一次要执行新的科学课大纲，我们只要稳住不动，这次的改革也会不了了之。"这时教学领导醒了，一身冷汗并意识到这是个多么疯狂的梦。他再次确定这不会发生在他与五年级教师的会议上。

你要依赖于你对反对者的了解，你认为人们抵制改革的一个原因是什么？害怕失败、墨守成规、没有明显需求以及封闭的心理。

你的行为理论是——如果某些教师抵制教学改革，那么他的学生可能会错过更好的学习方式。如果我对于人性本质的动态情形有着更深刻的了解，那么我就更有机会通过人性化的改革来有效地工作。

假设你在这样一个情境中，教师们都不配合区里的课程设计的新框架。在你和教师们见面探讨这一问题之前，试着改变计划方式。简单写一段文字来描述你要做的事情。包括你想说什么及教师可能的回应是什么。

参与、支持和激励

按照下面的顺序进行工作,把这当作一次演练。

参　与

- 让教师们参与进来是最微妙的行为;
- 仔细选择时间和地点;
- 选择一个时间,这个时间教师们都不着急离开;
- 教师们和你见面的最安全的地方就是他们讲课的教室和他们的办公桌前;
- 你的态度必须真诚,你想要帮助这名教师进行改革;
- 思考一下你将如何开始。

支　持

- 了解教师如何定义支持的;
- 从他身上发现线索;
- 不要带着已经决定好的策略跟他们见面;
- 无论教师需要什么样的支持,你都必须乐意为他们提供;
- 如果教师说他不想要任何支持,那么询问他:"你打算怎样开始实施这个框架呢?"
- 换句话说,你提供的是压力与支持。

激　励

- 激励那些无灵感的人不是件易事;
- 保持积极性就意味着行动起来;
- 无论你选择怎样激励教师,你都要真诚;

- 有时，善良和耐心能够激励他人进行尝试；
- 询问教师谁激励了他们的教学，可能这个人会为你提供帮助；
- 直接的方式，比如，你可能会跟教师说："你需要什么来运用这个课程计划框架？"见表5.7。

表5.7

教师的回应	你的反馈
我被允许按自己的方式制订课程计划。	你的方式是否包括框架中的成分？
不是必须按部就班地按照框架进行。	我同意，但你想怎么运用这一框架呢？
没什么，我只是认为这个框架不适合我。	多告诉我一些你的想法，我很好奇你为什么会对这个框架有这样的想法？

所以，怎么总结克服改革的反对之声呢？你必须着眼于人性问题，这并不只是教育问题，你是改革计划中的关键因素。

反思日记

在进入第六章之前，腾出时间记录你的反思日记。下面是写反思日记的一些话题的建议。选择一个最能够为你的工作带来启示的话题进行写作。

成功的教学

- 当你思考领导教学改革的事后，你经历了什么样的成功？
- 你学到的什么知识能够帮助你在未来领导教学改革的过程中更加成功？

错误教会我们更多

思考一个你在领导教学改革过程中犯的错误。

- 你想要实现什么？
- 你觉得为什么会犯这样的错误？
- 你从这次经历中学会了什么来帮助你在未来领导教学改革的过程中更加成功？

领导力改革必须共享

写下一个你遇到的改革过程中的挑战。

- 你怎么调整你的领导责任？
- 领导力的调整是否有成效？

思考两个能够和你共事并帮助你领导教学改革的人。

- 你为什么选这两个人？
- 你怎么样接近他们？
- 你会让他们最先做什么？

试试看：理论与实践相结合

第五章主要讲了开展"行为理论"来指导教学领导有效领导教学改革的价值所在。

当我们正确地开展和实施的时候，"行为理论"能够成为理解所有参与改革的教师和行政人员行为的巨大来源。

试试看，将理论与实践相结合：

• 回顾3种"行为理论"；

• 选择一个你刚刚提出或者正准备提出的改革；

• 运用书中建议的格式和开展"行为理论"的步骤；

• 当你完成你的"行为理论"时，拿给你的主管或者认为你很优秀的教学领导看；

• 不要告诉这个人你正在做什么，而是要问他你的"行为理论"是否行得通？他们是否会支持？教师们是否会从中受益？怎么改进？

领导班子活动

领导二级改革

目　的

首先明确目标：

• 领导班子成员要互相帮助改进他们引导二级改革的能力；

• 设想相关活动，把研讨会学习转移到现阶段教学领导实践中来。

视　角

教育中缺乏的根本改变对于教师和行政人员来说是最大的挑战，这些二级改革需要教学领导的支持，使教师们从现在的舒适地带走出来，并参与进去。

挑　战

为了更加有效，教学领导必须有能力领导二级改革，如果没有的话，教学领导不要总是针对教学改革的需要给出口头上的承诺。

计　划

辅助单项目研讨会的基本步骤：

• 研讨会之前领导小组的每位成员从传统实践表中选择一名教师，这是基于先前与这类教师的合作经验而完成的；每名领导列出"行为"清单，来帮助这名教师改变或者调整他的教学；

• 与领导班子举行一场60分钟的研讨会议，每位领导做关于二级改革的5分钟陈述，并把副本给其他成员；

• 主持人为二级改革列出教学领导策略的矩阵，领导班子再次会面，探讨他们的发现并分析教学领导力的对策。

个人与团队的联系

• 参与者需要把自己独一无二的关于领导能力的挑战与研讨会内容进行联系；

• 领导班子需要问两个基本的问题：我们学到了什么？作为教学领导，我们要如何运用所学的知识来辅助我们的工作？

第六章　教学领导的自我发展

> 我知道不管你在领导力发展的哪个阶段，这样的发展进程永无止境。
>
> ——科恩（Cohen）

这一章会帮助你更好地理解为什么领导力发展永无止境。你可能会想起教学领导成长的8个原则。下面的例子会更好地展示出对于教学领导来说在工作中学习的重要性。从实践经验中学习应该排在自我改进清单的首位。一个善于反思的从业者会思考自己的工作，并根据之前的反思进行领导力的调整。正如你即将发现的，错误占反思中的一大部分。

案例：一位教学领导的故事

玛丽·贝斯·德尔加多（Mary Beth Delgado）在格林学校当了两年的校长助理。她负责学校的教学领导班子。在学区学校改进计划中，格林学校有两个教学领导目标。

- 在学年末，从州立的注册审查下的学校列表中脱离；
- 能够运用读写技巧和策略（思考、听、说、读、写）获得最大化的文化教育。

区里办公室领导针对数据驱动的决策和结果进行了很多的相关讨

论，玛丽觉得完成学校改进计划的难度很大。校长和主管对她的评估在某种程度上是以学生的成绩为依据的。玛丽的最大挑战是如何完成学校改进的两个目标，这也让她彻夜难眠。面对如此多的改革方案，比如建立专业学习团体、教学指导以及基于课堂的专业学习等，她很难做出选择。她很感激自己能碰到支持她的校长和教师，并和他们相处得很好。

玛丽很聪明，她知道所有的教学改进都需要通过课堂来实现，她明白教学的质量才是决定学生是否得到改进的最重要原因。但是，困扰她的问题是：为了提高教学质量，我应该怎么做呢？

玛丽知道自己在以前曾犯过一些错误，这些错误可能会让她在实现学校两个目标的进程中变得很艰难。就像她担任校长助理的第一年，当时她对合作学习充满热情。她让五年级至八年级的教师都参与进来，一起讨论合作教学并督促他们在教学实践中应用。然而，教师们都觉得自己没有足够的时间来进行合作教学。

去年，玛丽在周六上午成功地组织了一次辅导课程，旨在促进学生的学习进步。事情一直发展得很顺利，直到任课教师发现辅导课程上的数学教师和阅读教师用的教学方法和他们现在使用的截然不同。学生们开始变得困惑，家长们开始抱怨。这一辅导课程不得不停了下来。

每一名对教学改进和学习持认真态度的教师都会像玛丽一样，时不时地感到沮丧。这就是工作的本质。但是，你要记住一个简单的事实，那就是你不是超人，你需要的就是学习。

概　述

正如老子所说:"知人者智,自知者明。"也许这句话正激励着你努力成为更优秀的教学领导,自我了解是帮助他人的前提和基础。

要成为一名优秀的教学领导,最好的方式就是通过工作中的经验、反馈、研究以及作为先锋者的不断反思来进行学习。这本书的目的是运用这4种方法来达到自我进步。如果你充分利用好工作中的机会来使自己进步,你就会成长为一名优秀的教学领导。

彼得·德鲁克曾经说过:"效率是可以被学习的。"他相信领导能够帮助自己变得更加有效。思考一下你学会变得更有效率的时候,那时你可能很乐意倾听并接受他人的意见。那时你也可能正在强迫自己学习一些新的知识。作为一名教育者,你知道学生们要想取得更大的进步,只有依靠他们自己。作为一名教学领导,你也必须时刻记住这一点。正如俗话所说的:"精炼你的技能需要以燃烧你的热情为代价。"

我是谁

正如德鲁克所说的,像拿破仑、达·芬奇、莫扎特这样的成功人士,常常能够很好地自我管理。这也在很大程度上造就了他们的成就。但是他们只是少数,因为他们有着与众不同的天赋和成就,让他人难以企及。现在,我们必须学习自我管理并且自我开发。德鲁克的题为《自我管理》的经典文章会帮助你深刻理解你作为教学领导的自我发展。《哈佛商业评论》把这篇文章看作是发表的最好文章。它激励着数以千计的领导进行自我改进,你可以在网上找这篇文章。

德鲁克用了5个关键问题来进行解释说明:

- 我的优点是什么?
- 我是怎样工作的?
- 我的价值是什么?
- 我属于哪里?
- 我能做出什么贡献?

这里的关键在于,你需要抓住每一个了解自己的机会,因为它是你教学领导这颗灯泡的灯丝,你要让它发光。这一章会提醒你,作为一名教学领导,同事给你的反馈能够帮助你更好地了解自己。

连接,而不仅仅是交流

了解你的沟通能力是自我认知的基本部分,当你是一名教育者的时候,你可能会觉得自己是个沟通者。日复一日,你与教职工、教师领导、学生以及家长进行沟通交流。走在走廊上,人们经常会叫住你并询问问题,让你解释某件事情,提醒你某件事,或者只是跟你打招呼。你什么时候认为自己沟通能力最强呢?这里有一个检查清单来帮助你进行思考。在下列陈述中选出你最认同的5项。

- 向每个进行改革项目的人发邮件;
- 领导一个大的团体;
- 必须做出解释;
- 询问某人事情的进展;

- 在员工的房间张贴重要信息；
- 倾听而不是去想我接下来要说什么；
- 告诉教师可以随时来我的办公室；
- 在某个教师的课堂上坐下并探讨他正在做的事情；
- 通过网络电话或者视频开会；
- 进行后续会议；
- 发送并接收短信；
- 正在领导一个小团体；
- 写一个优秀的会议总结和后续备忘录。

思考一下你选出的5项，为什么会选这5项呢？沟通并不单单取决于你的舒适度或者风格。随着基础的发展，你最重要的交流决策之一就是与人进行沟通。而最好的方式就是记住你在沟通过程中的感受。合作式学校文化的出现以及共享式的决策制定、校本计划都促成了人们对交流的需要。过度交流也是每个学校和学区的一个现实问题。专家花了太多的时间发邮件、短信以及手写的便笺。正如莱昂赫斯（Leonhirth）所说的："21世纪美国面临的挑战不是如何运用交流，而是如何逃脱它们的束缚。"

然而，自相矛盾的是，除了这些沟通设备的优势，人们似乎很难进行个体基础上的交流。你要扪心自问，当我和教师们一起改革教学方法的时候，教师们需要和期待什么样的沟通交流呢？你要明白，人与人之间的交往才是教学领导沟通能力中最重要的部分。如果没有面对面的沟通，那么你可能会误以为自己确实在进行着沟通交流，然而事实却并非如此。

学生、教师、领导以及家长都是从自身的角度和实际出发与你进行沟通的。而你需要从许多材料中筛选出你需要的元素。你在面对面沟通的路上走得越远，你就越有机会筛选接收到的信息或者想法。

和教师们谈话能够帮助我了解自己的风格，并知道我需要怎样才能更好地迎合不同教职员工的需求。

——比尔

劝说与激励

除非你有着自己的学校或者你是一个性格古怪的人，否则你可能不能命令教师改进他们的教学方法，你必须劝说或者激励他们进行改革。这也就是我们通常所说的领导的艺术。对他人的游说通常是直接而有目的的。教学领导甚至可能会说："我正尝试着劝说你更好地使用教室中的电脑。"而我们都知道游说的力量，我们不知道的是如何更好地运用这一力量。思考一下你打算如何说服或者调动人们的积极性，对你来说什么是有效的？

当教学领导明白了现象的背后是怎么回事，那么他说服他人的能力就得到了提升。显而易见，如果教师们总是碰到技术上的问题，那么你就可能会难以说服他们更好地运用技术。但有时抵制的背后含义并不那么显而易见。

再决定是否是进行劝说的最好时机，你可能需要进行更深入的挖掘。有时等待是最好的策略。当教师们可以练习管理时，他们会对劝说表现出更好的回应。迪安·腊斯克（Dean Rusk）提出了一个非常好的建议："说服人们的最好方式就是用耳朵倾听他们的心声。"当你们按照下面的例子进行游说的时候，就会收到意想不到的效果。

乡村学校的教师很难被说服让学生通过记学习日记来提高成绩，听了他们的原因之后，校长让教师们尝试着为一学期的一堂课记录学习日记。在第一学期末，教师们都很惊喜地发现了记学习日记的益处，并打算把它应用到其他课堂上。一年之后，只有很少的教师没有加入进来。第一个尝试记录学习日记的教师的行为影响了其他的教师。

激　励

对人们的激励属于个性化动机，教师可能会从教学领导那里获得激励，而这仅仅是因为教师觉得这名教学领导很真诚。在你的办公室里挂上鼓舞人心的海报并不能收到理想的效果。正是你个人的投入才能够激励教师们产生前进与改革的动力。

在某个学校，学生们的数学水平在持续降低。校长已经尝试了各种提高学生水平的方法，甚至包括和教师们谈话，但是学生们的分数却继续降低。事实是校长没有对教师给予适当的激励。校长可以领导教师，却做不到激励他们进行改革。

激励他人的能力通常取决于别人对你的看法，自我帮助有时意味着向可以对你说实话的人寻求诚实的反馈。

提出并接受反馈

约翰逊博士曾经是一个小州的师范学院的英语教授。在第一学期的第二周，他让班级里每个大学一年级的学生都写一篇文章。在批改文章之后，他会站在教室前面，手里拿着他们的文章。之后，约翰逊教授把这些文章扔给学生们，并说："如果你们继续这样写文章，那你们就别念书了，回家找你们的妈妈吧。"

这是一个真实的故事，在你来到学院的第一年，可能会有相似的经历。学院的教授以前会用这样的冲击疗法让大学一年级的学生明白他们需要提高自己的写作水平，约翰逊的方法虽然很生动，但是并不能帮助学生们提高写作能力，学生们需要的是更加具体的策略。

教学领导有责任为教师们提供反馈，来帮助他们改进教学方法和学生的学习。反馈是完成这一责任的要素。但是，正如你所知道的，为教师和员工提供建设性的反馈是一项难巨的任务。下面是两个提供建设性反馈的小技巧，你会发现这些技巧是基于教学领导的教学知识所提出的。

为教师们提供有建设性的反馈

建设性反馈的作用是构建事物，当教师们认为建设性意见能够帮助他们了解教学改革的需要时，教师们会重视建设性反馈的价值。定向地反馈能够指导人们进行深入的实践。最直接的一点是，实践经验能够帮助教学领导提升自身的能力，并提出更有建设性的反馈。

只要有可能，你首先要对你观察到的优秀教学进行验证，并尽可能地做到目的明确。比如说，与其说学生们参与进来，你更应该说："地理课的一部分内容就是学生们完成3项活动，学生们运用一览表帮助自己获得成功。"

让教师们知道你已经发现了他们教学的成功之处，你可以这样说："我发现你在鼓励孩子们互相问问题，你帮助他们通过分享想法和问问题来互相学习。"

如果你发现某位教师在小组教学的过程中遇到了困难，你要让该教师知道你很乐意探讨小组教学。你可以说："今天我想跟你讨论一下小组教学，尤其是那些能够让你更有效地组织小组教学的方法。"举一些你观察到的例子来说明这一困难，并在给出建议之前为该教师寻求一定的知识输入。

对于任课教师来说，教与学的复杂性意味着其他人要充分了解他们的教学。教师们相信观察者能够理解他的尝试、学生的特点、课前的活动以及将要做的事情。换句话说，观察者看到的是整体情况。当教师们感觉到自己收到的反馈中的理解和信任，他们的抵制情绪就会减少。教师们会变得更愿意提出意见并为改革做出调整。所以，正是你对教与学的理解才决定了你向教师们提出的反馈的质量。

建设性反馈的提出必须基于教师们自身的优势、风格、授课、评估以及和教学相关的所有事宜。建设性反馈不能基于你或者其他人的教学活动。最后，如果反馈总是积极的或者总是消极的，那么教师们会不信任这些反馈。这时的反馈不仅不是建设性的，还是毫无用处的。

接受建设性反馈

如果没有诚实的、建设性的反馈，作为教学领导的你就得不到任何进步。同样，如果教师们没有关于他们教学的反馈，他们也不能取得进步。所以，最主要的问题就是要获得诚实的反馈。如果你很幸运的话，你会和一些愿意与你面对面交流工作的教师共事。尽管这种情况很少见，但是我们不能否认这种情况的存在。这样公正的建设性反馈是很珍贵的，因为它会帮助你明辨是非。

多年来，领导们通过调查来收集员工的反馈，然而，这些收集反馈的工具的问题在于，它们太过笼统，而且不能激发教师的信心。所以，你可以自己开发一项调查。如果你决定自己开发，要注意下面几点。

- 你要确保这项调查覆盖了你的教学领导工作的具体方面，比如说教与学的知识，分析学生信息，开发课程并进行评估，构建与教师们的关系，解决问题，组织更好的会议，促进交流沟通以及管理时间；
- 询问教师让你的调查有保密性的方法；
- 把这项调查与你作为教学领导的主要责任相联系；
- 要向调查对象提一些开放性的问题，比如为了促进我成为一名更优秀的教学领导，你会提出什么样的建议？

你能否接受建设性的批评

世界上最难的事情之一就是接受批评，尤其是那些没有以建设性的方式来提出的批评。然而，就像错误一样，建设性的批评对教师们来说可能是最珍贵的。事实上，一些领导没有在工作上取得进步的原因之一就是他们羞于提出建设性的批评。只有当你知道教师们对你的所作所为的看法时，你才会找到自己的缺点。批评是苦口的良药，你要适当地调整自己的期望。

对评价和基于标准的责任制的反映

你的周围有政客、企业领导、州立教育者、教师、行政人员、学校董事会成员以及家长。他们相信，只要提高标准，学生的水平就会得到提高。那么，在田径场上，升高了标杆的高度后，运动员会跳得更高吗？经常给孩子量身高，孩子就能快速长高吗？这两个问题的答案当然是否定的。但是,"一刀切"的评估标准以及高风险的、基于标准的问责制仍然在学校处于主导地位,评价与问责制的并列影响了大部分学校中教与学的方法。

国家教育和经济中心的报告也许会对你有些帮助,这个报告的题目是《美国的评价系统:为什么不以最佳为基础》这一报告包括了11个基于研究的评价建议,你可以根据自身的需要进行选择。你要记住,作为一名教学领导,你个人不能改变现行的评价和问责制。然而,你能做的是做那些你认为对学生好的事情。把你的这些想法和他人分享,并让这些信念指引你的工作。

领导一场变革

约翰·凯奇(John Cage)是一位美国的作曲家、哲学家、音乐理论家、艺术家、版画复制匠、业余的真菌学家以及蘑菇收藏家。他曾经说过:"我理解不了为什么人们对新的想法如此惧怕,我只害怕旧的想法。"在闲暇时,他会研究现代舞。正因为从不惧怕新的思想,凯奇才能够领导一场变革。

新千年是否引领了关于21世纪的技能和以学生为中心的教学变革?也许是的。但是,我们在新千年里做的事情和20世纪做的事情几乎是一样的。我们很难找到衡量21世纪的技能的通用标准。所以,作为一名教学领导,你要决定是否领导一场变革。你要考虑的是:我想要改变哪些方面?

• 改变学生们接受的大打折扣的教学,这些教学自诩为充满挑战的、令人兴奋的、有意义的标准教学;

• 改变强加的责任制,这种责任制让标准化测试变得有缺陷,让学生的考试成绩变得不可信；

• 改变自上而下的合作模式，为学生创造更适合的学习模式。

对勇气的需要

在你的事业中，有很多时候你会知道你正在思考。你自己保留着这些想法，没人知道这些想法的不同。但是，决定说出什么对学生有益处对于教育改革来说至关重要。用科沃德·莱昂的话来说："什么才能让教学领导冒风险？"答案就是勇气。"什么让教学领导创新？"答案也是勇气。"什么点燃了教学领导教与学的乐趣？"答案还是勇气。你有机会站起来为学生的利益奋斗，你能够在你和学生、教师、家长以及其他学校领导的共同工作中找到这样的机会。

设想一下

你正在和行政领导以及其他教学领导会面，会议的主题是学校是否需要为拓展与测试准备相关的课程。州立范围的改革导致了很少一部分学生能够达到或超过新的标准。教育委员会以及主管们在公开场合表示他们要进行改革。会议上的大部分谈话围绕着为了更好地达到州立标准而做出的课程改革。到现在为止，你一直保持着沉默。你打算说些什么？

从教学领导的角度，你应该说你不能认同缩小课程范围的需要，下面是一些原因：

• 增加学生花费在准备州立考试上的时间并不是正确的做法，花费大量的时间准备州立考试就意味着教师有很少的时间进行有意义的、以学生为中心的教学；

- 我们需要更好地理解我们的困难所在，并运用这一理解为学生创造更好的学习机会，这一挑战是诊断性的，而不是系统化的；
- 不让教师们参加这次谈话是错误的，因为决策的制定没有教师的参与，忽视了教师的专业性。

杰伊的发言反映了5个教学领导的想法，并帮助自己发展成为更优秀的教学领导。

你每天学习如何成为一名教学领导的知识是最珍贵的，因为它是你个人成长和领导力发展的源泉。当你把经验学习与其他形式的专业探索和反馈联系起来的时候，你就在成为优秀教学领导的路上更进了一步。

——杰伊

脑中测验7

下列4项中的哪一项是本书认为的教学领导开展工作的最佳方式？
- 和其他教学领导的交流；
- 在课堂中学习；
- 阅读更多教与学的相关研究；
- 和教师们进行同样的专业发展。

反思日记

在进入第七章之前，腾出时间记录你的反思日记。下面是写反思日记的一些话题的建议。选择一个最能为你的工作带来启示的话题进行写作。

自我了解

如果你读了题为《自我管理》的文章,那么花些时间写下你从自己身上学到了什么。

你要保证你写下的内容包括你的优势、工作方式、价值观、属于哪里以及做出何种贡献。

交流

回顾你选择的5个描述自己是优秀沟通者的陈述。

- 为什么你选了这几个陈述?
- 你现在需要做的、能够帮助你更好交流的事情是什么?

劝说和激励

写下你劝说某人或一个小组做某些你认为对学生有益的事情的时候。

- 你做了什么有影响的事情?
- 你是否激励了教师?
- 为什么是或者为什么否?
- 如果你的回答是有时,那么是什么时候呢?

提出和接受反馈

思考你最近一次为某人提供建设性反馈的时候。

- 你是怎么提出的?
- 你从这次经历中学到了什么?

思考一下你最近一次从他人那里获得关于自己反馈的时候。

- 这些反馈的本质是什么？
- 你是否觉得这些反馈很有效？
- 你怎样运用这些反馈改进自我？

对评价和责任制的反映

第六章的设计目的是轻微地激怒你。为什么呢？因为现在是教育家为教育和学生的利益发声的时候了。

- 你现在是否积极地参与到一些基于网络的小组讨论之中，并为以学生为中心的教学发声？
- 对于这样的自我表达，你有什么样的感觉？
- 在你现在的工作中，你是否曾经站出来反对"一刀切"的测验方式？

试试看：你的正确方向是什么

思考一下你想成为的教学领导的类型，并时刻努力成为这样的人。对于你现在认为对教学有益的事情保持热情，并坚持不懈地努力。

不要寻找正确的大纲或者最佳的实践——你要寻找改进教学领导工作的方式。

发现你真正的方向，试试看：

- 你需要一个指南针来掌控自我发展的方向；
- 写出5个帮助你改进教学领导能力的领域；
- 为每个需要改进的领域做标记；
- 比较每个需要改进的领域，并在每一组领域中选出最有优先权的；

- 你的正确方向是什么？

领导班子活动

让这些成为你的知识

目　的

首先明确目标：

- 教学领导会通过互相帮助提高彼此的能力来决定课程是否有效，并有能力解释原因；
- 设想相关活动来把研讨会学习转移到现阶段教学领导实践中来。

视　角

正如教师们彼此孤立一样，教学领导们也彼此孤立。教学领导们很少共同观摩同一节课，也很少为了提高他们的观察、分析的技巧而共同讨论。他们很少为教师的教学改革提供描述性反馈。

挑　战

为了更加有效，教学领导必须有能力区分有效和无效的教学。讽刺的是，当教师们观摩同样的课程时，他们看到的完全不同。

计　划

辅助单项目研讨会的基本步骤：

1. 找时间和领导班子召开60分钟的研讨会议，并在一周后再次开会。
2. 选择一段合适的教学录像，教学领导们共同观看。

- 课程录像10~15分钟；
- 录像应该是一门基础课程；

• 提供一些课程的相关背景。

3. 提出一些问题来引导教学领导的观看：这是不是一个优秀教学的榜样？为什么是或者为什么不是？

4. 观看之后，准备一些答案为"是"或"不是"的简单调查问题来决定是否是一堂有效的课程。

5. 回答"是"和"不是"的教师分别组成组。

6. 给他们时间说明为什么是有效或者无效的课堂。

7. 为每一组提供时间来展示他们的案例。

个人与团队的联系

• 参与者需要把自己独一无二的关于领导能力的挑战与研讨会内容进行联系；

• 领导班子需要问两个基本的问题：我们学到了什么？作为一名教学领导，我们要如何运用所学的知识来辅助我们的工作？

第七章　共享教学领导能力

> 独自寻找教学领导能力是不行的，取而代之的是，我们需要在学校委员会的所有成员中拓展教学领导能力。
>
> ——兰伯特（Lambert）

概　述

本章的共享教学领导能力这一概念指的是多名领导必须共同参与到学校的教与学过程中。共享的教学领导能力与个人相对立，比如，完全由校长或教学主管助理引领教学改革的各个方面。这一章将说明共享的教学领导能力是消除教学差距的基石的原因，并介绍一些新的理念来加强教师与管理人员共同改进教学的能力。而这一拓展学习的方法就是通过合作来实施学校的改革计划。

当教师们共同应对学生的需求、分析和评估教学问题、拓展改进教学的计划、改变学生的学习方法、学习课堂教学、实施教学改革或制定影响教与学的决策时，都会运用到共享的教学领导能力。如果学校的教学文化包含共享的教学领导能力，那么你在工作的方方面面都会用到它。

有趣的是，委员会这个词通常指的是一群教育者、教师和管理人员定期见面讨论一些教学以外的事情，比如学校安全、学生纪律、雇用员工、制定等级、日程安排以及预算等。相比之下，小组这个词更能体现合作的这一过程。

当你开始重新思考共享的教学领导能力这一概念时，你要考虑在你的学校或学区的哪些地方存在着共享的教学领导能力。为了帮助你思考，你要填写表7.1。我们已经列出了一些常见的存在共享的教学领导能力的地方，你也可以添加其他内容。

表7.1

共享的教学领导能力 例如：课程设计小组	目标 课程计划框架	组长 行政人员／教师
年级小组		
部门小组		
课程小组		
研究小组		
课程学习小组		
学校改革小组		

对于学校领导来说，核心的工作，也是最困难的工作，就是形成着眼于学生学习的学校文化。因此，在2004年，我们开始研究学校领导如何对学生的学习产生影响。我们和1000名区办公室的员工、学校行政人员、教师、家长以及其他全国的领导人进行谈话。同时，我们还对来自164所学校的8000名校长和教师进行了调查。

我们发现学校文化的改革需要共享的教学领导能力，行政人员需要为改进课堂负责。

对于你们学校或学区的教学相关小组、委员会的数量来说，你可能并不会感到惊讶。共享的教学领导能力的发展离不开很多因素，比如需要更多的教师参与到决策制定的过程中，需要更多的合作，需要拓展领导能力来实施教学改革计划。

最能体现共享的教学领导能力在学校中的地位是上页表格的第三列，也就是组长。领导能力的平衡是什么？如果大部分的共享领导能力小组的组长都是行政人员，那么我们就会知道这个小组可能更像一个顾问小组。尽管这一类的领导方式在制定决策方面更有效，但是并不能在改进教学方法中起到作用。所以，只有教学领导能力在教师和行政人员中真正实现共享的时候，我们才能实现教学差距的消除。如果不能达到这一点，那么大部分的改进教与学的计划就只是计划。

教学领导的过程是教师个体或教师集体通过影响同事、校长以及其他学校委员会成员来改进教学实践，并以提高学生学习水平为目的。对教师领导的认识来源于对组织发展和领导能力的新认识。

教学改革需要教师在课堂和与同伴间的领导能力。此外，教师领导能力的拓展包括了从辅助管理学校到评估学校目标和促进专业学习的转变。

共享的教学领导能力巩固

案例：缺乏远见

贝奇·亨利（Betsy Henry）是一位很有经验的教师，她在一个南部中型小镇的水平较低的高中教授科学课，她教授过学校里所有年级的大部分科学课。在过去的几年里，她一直在教九年级，这也是高中的起步阶段。她认为九年级的课程安排并不能有效地满足学生的需要。贝奇希望课程的设置能够以学生为中心，并鼓励九年级的教师们亲身实践并运用真实情景的教学策略来激发学生的学习。

贝奇所在的高中处在科菲县的学区，那个地方的很多家庭都在附近的烟草加工厂从事着低技能工作。科菲县学区的行政人员希望为学生提供未来学习和工作的机会，并尝试着通过关注教学领导力来改进学生的学习。主管向贝奇的校长介绍了教师领导力这一概念，并要求他选出一组优秀的教师来领导教学改革并提高学生的成绩。

校长任命贝奇为九年级学术小组的教师领导。贝奇既对头衔没有欲望，又不想锻炼行政能力。但是，她还是接受了这一任命，因为她认为这一新职位能够帮助她实现以学习为中心的教学大纲的应用，这对九年级的学生来说是大有好处的。

然而，这一切并没有按照计划进行，贝奇刚开始改革就遇到了一系列的阻碍：

她的同事们不愿意与她共同实施以学生为中心的教学计划，他们厌恶贝奇的新头衔以及她的新责任带给她的好处。此外，他们也不希望进行任何改革，她的同事们只想做校长要求他们做的事。他们排斥贝奇，让她觉得自己被孤立。

校长并没有提供有效的支持，贝奇觉得和校长讨论改革进展的可能性很小。校长并不愿意保证她进行员工培训所需要的相关资源。当贝奇为九年级开发了一套新的课程安排时，校长表示很不愉快，并取消了她制订教学计划的工作。

贝奇一直在挤时间做事，她很担心自己的课程会因为实施新的课程安排而受到影响。此外，她也很难找到一个九年级教师小组成员都有空的时间来安排会议。九年级的教室很分散，这让她很难进行课堂观摩并给教师的教学实践提供反馈。

尽管贝奇感到沮丧，但她仍然想实现自己的以学生为中心教学的想法。校长也希望在学校中改进教学。那么，贝奇该如何与校长共同学习呢？为了领导教学改革，贝奇需要什么技能呢？校长应该如何为她提供支持呢？这些关于加强教学领导能力的问题会在这一章讨论并解决。

同年级及部门的主任加强共享的教学领导能力

为了提供一个加强共享教学领导能力的参考框架，你要想一个你认识的最优秀的教师，比如说年级或部门的主任。在下列横线上，列出3个你认为这个人是最优秀教师的原因。

1. _____
2. _____
3. _____

思考你写出的3个原因，这些原因对你来说很重要，因为它们能够代表你对有效的教师领导的理解和认识。比如，如果你写的是"受同事尊重""能够建立积极的工作关系""善于解决问题"，那么你注重的是人际交往能力。反过来，如果你写的是"内容专家""课程知识""优秀骨干教师"，那么你注重的是教学技能。

教师们可自称为教学领导,来展示在行动和对话中的想法,自称为教学领导想挑战的是克服自我满足感。

——比尔

年级和部门

在一个学区或学校之中,共享教学领导能力通常体现在年级和部门之中。我们最常见的教师领导的例子就是年级和部门主任。你要记住,与年级和部门主任共同改进共享教学领导能力的部分或全部条件也同样适用于其他教师领导,如小组领导、带头教师、特殊职能教师以及其他教学专家等。

传统上说,年级和部门主任的角色更像是代表,而非领导。年级和部门主任的工作内容通常是非教学相关事务。下面是一些最近的年级和部门主任的工作内容:

- 传达行政部门的相关消息;
- 在开发和实施课程的过程中提供领导能力;
- 和行政部门共同开发学术改进的过程;
- 促进与员工发展相关活动;
- 在分析数据和开发学术成就的战略中提供领导能力;
- 促进主要教学进程的开发;
- 在行政部门和员工中间起到桥梁作用,并确保有效的沟通交流;
- 在订购物资和设备的过程中为行政部门提供帮助;
- 保存物资和设备的清单;
- 参加行政部门组织的全部会议;

- 协调并安排会议、日程，并向行政部门提交会议总结；
- 提供与人事相关的选择。

正如你所看到的，这些工作内容中缺少了很多教学相关事宜，比如开发和实施课程。但是，大部分的工作则是在行政部门和教师之间起桥梁作用。虽然这一桥梁作用对于学校的稳定和持续发展来说很重要，但是这一关系对于开展共享教学领导能力来说还是不够的。年级和部门主任还要明确学校改进计划的方向，并实现学区的目标。

现在，年级和部门主任需要转变自身的领导角色，把原有的管理性质的工作放在第二位，把教学相关工作放在首位。年级和部门主任的教学领导能力主要包括开发共有的愿景，运用数据提高学生的学习并促进专业发展，对标准、课程、教学以及评估进行调整，促进学校的持续稳定发展。

然而，现在也存在着一些问题，由于学校改革进程的迫切性，很多行政人员要求年级和部门主任更积极地分享领导能力来实现学区的目标。让年级和部门主任担负起更多的教学领导责任可能会超出他们现在的工作能力和范围。下面是一些年级和部门主任发展教学领导能力的条件。

首先，年级和部门主任必须对共享教学领导能力有一个明确的认识，这一认识需要在调整工作内容的过程中写下来，并在与行政人员谈话的过程中明确下来。在改变工作内容时，虽然是循序渐进地进行，但仍有很多教师领导表示反对。

其次，校长需要代替年级和部门领导来与全体教职工交流学校的改革进程。这便于任课教师理解年级和部门教师的新的工作内容。年级和部门主任常常觉得权力的缺乏让他们很难在同事中实施工作。比如说，一些年级和部门主任需要监督课程计划，除非教师能够充分理解他们，否则没人愿意给他们看自己的课程计划。

尽管对共享的教学领导能力的理解对于每个人来说至关重要，但年级和部门领导获得改进教学领导技能的机会也很关键。最好的途径就是开展一些教学领导能力研讨会，让教学主管、校长、校长助理以及年级和部门主任共同学习。通过这种方式，领导们向全校教职工传达出一种信息，即学校的领导们在为改进教学共同努力。

学习的内容可以包括明确学习目标、引导教学改革、构建合作能力、有效运用数据、合作调研以及应对人们对教学改革的抵制。帮助年级和部门主任理解他们的教学领导角色的有效途径已经在第五章介绍了，也就是7项加强教学的原则。这7项原则是组织教学领导能力研讨会的基础。

从高互动性的活动中得到的反馈对于教学领导来说是大有益处的。同时，合作的力量不仅能够帮助小组成员更好地完成工作，还能激励他们进行专业学习，这一点是我们需要时刻注意的。

通过教师领导的教学改革

教学的改进通常在教师们有机会共同工作并相互学习的时候产生，和同事们共同工作不仅能够消除孤立感，还能帮助大家加强实践。在互相合作的关系中，教师们更有能力实施新的想法。教师们的合作能够加强解决问题的能力，并且能够让教师们消除沮丧感。

合　作

大部分年级和部门领导需要促进的一个主要方面是合作能力，也就是团队精神。领导自己的同事并不是一件容易的事情，而合作对于缩小学习和教学的差距又至关重要。合作能够提高教师的教学质量，从而提高学生的学习质量。共同工作的教师更愿意尝试改进自己的教学方法，并支持彼此的新想法。

在大部分的学校中，由于团队合作并不是自然存在的，那么我们就需要学习如何创造更多的合作机会。合作学习的机会是拓展领导能力的核心活动，年级和部门主任需要成为团队的一部分，这样才能观察合作学习的过程。正是通过这样的方式，年级和团队领导能够通过构建人际关系来实现不同程度的团队合作，最后形成学校内的团队合作的氛围和文化。

在对话、行为和活动中的合作能够成为反馈的来源，并反映出年级和部门主任自身的领导实践。对合作的学习可以从观察学校改进小组的进程开始，这一形式的学习可以包括观察校长分享重要信息的方式、感谢他人的付出以及承认小组成员的知识水平。作为参与的观察员，年级和部门主任、小组成员需要互相提供帮助和支持、观察彼此对待某一事件的不同态度、自由表达感受以及听取他人意见等。

当主任们获得了促进教师相互合作的经验之后，他们需要让另一名学校领导参与到年级或部门的回忆中。构建性反馈能帮助他们改进团队领导的相关技能，而这也是一个学习和促进合作的低风险的方式。在这时，年级和部门教师的一个简单的调查就能帮助主任们发现教师对团队的看法和体会。这对于年级和部门领导谈论团队合作也是很有帮助的。进行这样讨论的最佳时间是在所有的主任促进类似的合作任务之后。

年级和部门主任必须不断接触关于教与学的最新知识和最优秀的研究，任课教师需要教师领导的帮助来更有效地选择教学方法，并帮助他们共同改进。教学领导需要为教师提供更多的机会来讨论教与学的过程，让他们能够拓展自己的思维和对教学的理解。

通常，年级和部门主任面临的最大挑战就是和教师们共同进行教学改革。行政人员，尤其是校长，必须与年级和部门主任共同面对改革过程中的困难。这时的支持对于成功来说至关重要，行政人员需要通过与教职工的交谈来定义年级和部门主任的角色，并帮助他们实施改革。

工作关系

在加强共享的教学领导能力的过程中，最终的条件是年级和部门主任以及行政人员之间的工作关系。他们的目标是建立教学领导能力和解决问题的能力。公开支持年级和部门主任工作和角色的校长及校长助理能够帮助他们完成教学领导任务。当行政人员加强自己与教师以及其他学校领导的合作关系时，建立在这一关系上的支持和信任便得到了巩固。换句话说，这就是合作性的领导能力的典型例子，这样的行为和态度能够让共享教学领导能力的着眼点从细节的微观管理转移到对更大目标的支持上来，这一更大的目标就是改进学生的学习。

这一条件也包括为年级和部门主任实现教学领导这一角色提供长久的支持，这一支持可以是非正式的谈话。对同事的领导是一件很艰难的工作，尤其是在进行改革或实施新的方法的压力之下，年级和部门主任必须要感受到他人对自己的理解。

作为一个团队，年级和部门主任需要每个月至少与校长和校长助理见一次面，日程安排需要灵活，这样才能做到共享想法，发现实践中的问题，并开发教学领导策略。这样，他们才能建立起信任，从而获得更积极的工作关系和更有效的共享教学领导能力。

当我们给教师们机会在其他教室工作并交流多种教学方法的时候，我们可以帮助教师发展成为教学领导。他们有机会知道如何和不同性格的人一起工作，并发现教师合作的重要性。

——安妮塔

活动中的共享教学领导能力

案例：愿景变成现实

琼·麦凯布（Joan McCabe）是沃特小学的教师和四年级主任，这所学校位于农村和城郊的学区中。校长要求她和其他二年级至六年级的年级主任一起在各自的年级开展阅读与数学的形成性评价。校长告诉琼和其他年级主任，形成性评价的目的是双重的：一是更好地影响教学；二是减少成绩单和州立测试间的差异。这一工作在夏季学期的10天之内完成，所有进行评估的教师都会得到专业发展学分和奖金。

琼和四年级的其他教师为课堂评估做准备，他们希望达到阅读和数学的州立标准。他们开发的形成性评价也包括文字和计算的相关概念和技能，而这些正是学生很难掌握的地方。尽管一些四年级的教师担心形成性评价和结果的分析会花费他们大量时间，但是他们和其他年级一起按时完成了这次形成性评价的工作。

在夏季结束时，校长收集了所有的形成性评价并感谢年级主任的付出。校长也提到，这项工作是学校对共享教学领导能力信念的良好展示。琼为四年级教师所做的一切感到高兴，并决定帮助教师们在9月的新学年实施形成性评价。

在新学年的第一次员工大会上，校长宣布在阅读和数学上实施形成性评价。琼为形成性评价的实施感到担忧，她花了大量时间和教师们研究管理策略并分析评价。当琼和四年级的教师们在年级的评价中获得成功时，他们的这一努力得到了回报。虽然有的教师仍然抱怨形成性评价占用了他们的教学实践时间，但是形成性评价给他们的教学带来了积极的影响。

你可能觉得这个案例并不真实，因为所有的事情都进行得如此顺利，也许你是对的。那么让我们回顾一下为什么琼和四年级的教师能够让形成性评价进行得这么顺利。首先，你需要明白，琼和其他年级的领导是被教师和校长选出来担任这一领导职务的，就像琼一样，年级领导对学生如何学习有着深刻的理解，同事们也认可他们的领导能力。年级领导的任期是3年，他们也是学校的领导班子成员。领导班子每个月会开一次一小时的会议，会议会讨论教学领导能力的某个方面，比如领导教学改革等。

在这个案例中，校长不仅与年级领导共同工作，而且还在需要的时候提供了个人的帮助和指导。校长并没有期待年级主任成为优秀的教师领导，因为这些年级主任刚刚得到了新的工作指示。校长知道专业领导能力的开发对于年级主任的成功是至关重要的，同时，他们还需要开发共享的教学领导能力。

在这个例子中，琼实施教学改革和形成性评价的能力并不是偶然的，在担任年级主任之前，琼获得了担任教师带头人的工作，她已经应对过很多改革的反对声音，她的同事们都认为琼在团队的领导方面表现突出。

最后，每个年级的任课教师要参与到共享教学领导能力的开发过程中，这样他们才能有机会在年级大会和全校大会中讨论合作与团队精神。提高合作能力意味着和团队成员以及团队领导共同工作。这个例子中，事情进展顺利的一个原因就是教师们有机会共同合作。沃特小学的教师们并不需要行政人员来管理他们，他们有能力为改进教与学负起责任。正如罗兰·巴斯（Roland Barth）所说："当教师们自我领导的时候，校长就可以有时间拓展自己的能力了。"

为学校改革调整教学领导班子

有太多的研究着眼于学校改革，但是很少有研究关注学生和教师需要的合作教学领导能力。在教学文化之中，团队合作和团体的努力需要达到一个共同的目标，比如说拓展和改善思考技能等。这些对于最优秀的教学领导来说都是不小的挑战。

共享教学领导能力的一个拓展是为学校的改革形成校本教学领导小组，团队成员需要包括校长、校长助理、年级和部门主任、学习专家以及其他的教学领导。这个小组成员每个月会面3~4次，主要负责指导学校改革的进程。

通过运用共享的决策制定模型，教学领导班子能够为学校目标向实践的转变提供支持和帮助，以便于改进教学。所有的教师、员工和家长都有权了解这一改革进程的细节。

为了领导学校的改革进程，教学领导班子的着眼点主要是3个方面：

• 开发学校的改革计划；

• 明确学校的改革目标；

• 在改革的过程中提供支持和帮助。

下面会分别讨论每个方面，并在每个方面的讨论中给出1~2个实践中遇到的问题，来探索解决这些问题的建议。

教学领导班子的第一个方面是开发学校改进计划，合作能够把所有班子成员凝聚在一起。除了要确保学校的目标和学区的目标一致之外，描述目标的语言要清晰具体。这对于整个团队来说非常重要。因为学校改革的本质是有周期性的，那么其中的一些目标是新的，而其他目标可能是正在进行的目标。

目标和提议的开发是非常重要的，如果孤立地完成这一过程，那么就会在接下来的一年中产生一些问题。每个提议需要包含在学校的改进计划之中，并确保它成为支持某个特定目标的最佳方式，改革进程的这一部分不能太过急切。

在制定最终的决策之前，提议需要包括学校的改进计划、所有的目标以及对提议的支持。同样，人们首先要考虑的是这些提议是否与学校的目标一致，这些提议是否为学生好。接下来，从哪些需要实施提议的教师的观点来审视这些提议是很重要的。这些提议是否可行，教师们是否有时间、资源和支持来正确地完成这些提议？最后，教学领导需要问自己，他们是否能够有效地协调所有提议并清楚这些提议与现行的教学项目是如何完美匹配的。

教学领导班子的第二个方面是明确学校改革的目标和提议。每位教师以及父母都需要清楚学校新学年的改革计划是什么。第一步是确保对即将实施的事项有一个明确的愿景。为什么这些目标排在第一位？如何支持这些提议并对学生产生影响？一些学校把它们的改进目标放在教学楼的入口，每个进入学校的人都会知道学校改革进程的程度以及改革的方法。

当教师们明确学校的改革计划之后，他们会对提出的细节变得尤其感兴趣。这个计划将如何影响教师的工作，比如说，如果其中一个提议是让教师们参加专业发展的项目，那么教师们可能需要这个项目的细节，比如会议的频度和专业学习的本质等。可以确定的是，任何阅读方面的改革都能够造成教师间的紧张局面。

当教师们感觉自己受到了这些提议的压制时，他们会变得忧心忡忡。正如前面所提到的，这就是为什么教学领导班子的全体成员需要对学校即将实施的教学改革有一个总体的认识。

教学领导班子的第三个方案是在改革进程中提供支持和帮助，所以，现在教师们正忙于实施新的改进提议并保留旧的提议，如果改进提议相关的要求是合理的，那么事情就会进展得很顺利。然而，当学校充满了迫切的氛围时，每位教师就会感到格外紧张和焦虑。

学校必须在稳定的状态下运作，这样每位员工才能有效地开展工作。时间的紧迫、人际冲突、日程安排的问题、资源匮乏以及过多的会议和讲习班会带来压力。教师们可能会忙于应对这些压力，并对自己的工作感到沮丧和不满。教学领导班子成员必须能够估计压力的大小，也就是说要阻止沮丧感的扩散。

教师和教学领导的工作必须考虑可能会发生的教学问题，这可能会产生人际问题。当真正意义上的合作构建起来之后，人们之间的信任和支持也就形成了，那么教学领导班子才能真正团结起来。

需要明白的是，教师们对学校的持续改革产生的压力并不意味着在第一个困难面前取消某一重要的提议，也不意味着忽视教师的感受。教学领导班子的好处之一就是和其他教学领导一起制定这类决策。为了取得成功，教学领导需要帮助他人运用策略来实现教学和学校的共同发展。

某位校长是这样描述他对学校改革进程的信念的："学校改革并不是某次特定的事件，这是一个持续的过程，没有重点。当校长、家长以及委员会的成员不断地问我：'我们怎样能够停止全校的综合文化改革？'我的回答是：'当我们的家长说自己的孩子阅读速度太快、理解能力太强时，当孩子们的写作能力出众并获得奖项时，我们会停止对听、说、读、写能力的改革和提升。'这时观众会笑起来，他们明白了我的意思，也就是说文学能力的提升永无止境，同样，我们学校的改革也无止境。"

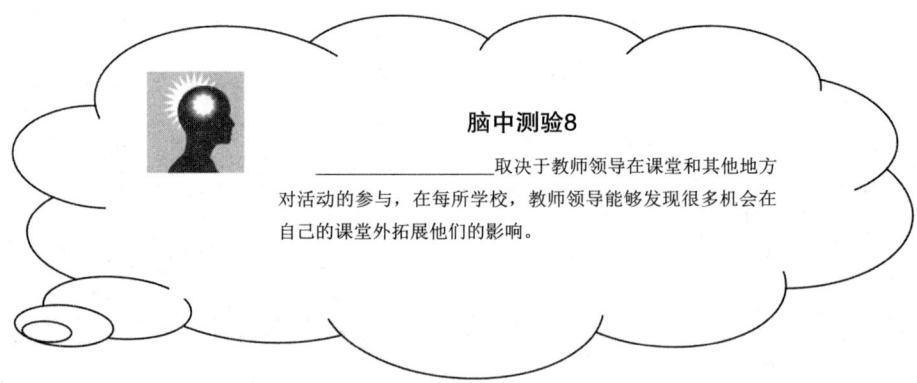

脑中测验8

_____取决于教师领导在课堂和其他地方对活动的参与，在每所学校，教师领导能够发现很多机会在自己的课堂外拓展他们的影响。

反思日记

在进入第八章之前,腾出时间记录你的反思日记。下面是写反思日记的一些话题的建议。选择一个能够为你的工作带来启示的话题进行写作。

共享的教学领导能力。

• 思考一下你的学校是在什么情况下共享教学领导能力的,你可能需要回顾你填写的表格;

• 思考一下你希望在你们学校的哪些方面看到更多的共享教学领导能力,解释一下原因,并说明你将如何朝着这一方向迈进。

年级和部门主任

思考一下你们学校的年级和部门主任是如何成长的。

• 谁是最有能力的教学领导?

• 就教学领导能力而言,他们有什么与众不同的表现?

教学领导班子

• 如果你的学校有教学领导班子,那么描述一下它是如何运作的;

• 如果你的学校没有教学领导班子,那么你认为学校是否需要组织这样一个教学领导班子?为此你会怎么做?

合 作

• 在你的学校,教师们是否有机会进行合作和讨论?解释一下原因。

• 教师们是否有时间和同事们反思自己的教学实践?解释一下原因。

试试看：现实核查

当你回顾第七章时，你可能会这样想："是的，我很愿意分享教学领导能力，尤其是同教师们分享。"

你要记住的是，你所讨论的共享教学领导能力的模型中，领导能力和领导人并不一样。在不了解教师真正感受的前提下，是否能够加强共享教学领导能力呢？

如果你对于共享教学领导能力持严肃认真的态度，那么你可以试试下面的方法：

- 列出最近的3个你作为领导人参与进来的教学领导活动。
- 在每一项互动旁边，写下你从开始到结束的过程中是如何共享教学领导能力的。
- 拿着这个清单，你要针对共享教学领导能力询问参与活动的教师和员工：他们是否觉得自己参与到了决策制定的过程之中？在最终决策的制定之前，他们的想法和意见是否被考虑了？
- 比较两个清单。

在你下次开展改革活动时，要优先考虑共享的教学领导能力。

领导班子活动

我们就是我们

目　的

首先明确目标：

- 教学领导班子或者学校改革小组的合作达到了新高度,共享教学领导能力;
- 设想相关活动来把研讨会学习转移到现阶段教学领导实践中。

视　角

测验教学领导的真正方法是学区或领导班子成员对他们为学校改革做出努力的信任程度。目标是确保"我们就是我们所说的自己"。

挑　战

为了更加有效,教学领导必须展示和区里或者学校其他教学领导或者学校改革小组成员共同合作的意愿和能力。

计　划

辅助单项目研讨会的基本步骤:

- 与领导班子成员一起举行一场60分钟的研讨会。
- 在研讨会之前,分发讨论3个共同教学领导小组方面的复印纸,在教师和教学领导或学校改革小组共同实践的过程中,让每位教师接触各个方面。
- 在小组内工作并对比评估。我们同意什么?不同意什么?
- 每个小组汇报自己合作和未能合作的方面。
- 张贴出一致的地方和不一致的地方。
- 促进提高共享教学领导力的做法的合作反思。

个人与团队的联系

- 参与者需要把自己独一无二的关于领导能力的挑战与研讨会内容进行联系;
- 领导班子需要问两个基本的问题:我们学到了什么?作为一名教学领导,我们要如何运用所学的知识来辅助我们的工作?

第八章　和教学差距说再见

我们因为提高对教学文化的洞察力和勇气而备受鼓舞，又对面临的阻碍保持清醒。

——斯蒂格勒、希尔伯特

从成功的故事中学习

这本书主要谈论教学领导实践的核心，这些实践从大量的经验、研究和指导中获得，构成了教学领导能力的基础。这些实践不仅能够帮助你成为更优秀的教学领导，还能帮助你改进教师的教学方法。本书的前提就是如果你能帮助教师们改进教学方法，那么你就能够为消除教学差距做出贡献，并通过学习者、教师、行政人员和公众都满意的方式来提高学生的学习水平。

典型的教学领导能力实践的核心：

- 加强你对学习的理解；

- 明确广泛共享的学习愿景；

- 尽可能多地走进课堂；

- 帮助教师学习更多的教学知识；

- 加强你对教学文化的理解；

- 加强你对改革领导力的理解；

- 和教师们共同改变那些不成功的教学方法；

- 和教师共同为学生创造更好的学习机会；

- 加强共享的教学领导能力；

- 运用数据改进教学；

- 开发行为理论；

- 成为善于反思的从业者。

对教学领导的指导，为他们提供了少有的学习核心教学领导能力的机会，这样的经历通过一些列出的成功故事得到了验证。每个故事都是从教学领导经历的挑战说起，并描述了教学领导们为了消除教学差距而做出的努力。尽管这些故事中的教学领导是虚构的，但是故事的情节是真实的，并代表了多年来指导学校领导过程中遇到的真实问题。故事讲述的是不同的K-12年级学校，故事中的教学领导包括行政人员和教师。下面简要描述每个成功故事的框架构成：

教学领导的挑战：这一部分指出教学领导面临的主要挑战，给读者足够的背景信息，并对故事的情景有一个基本的了解。

指导要点：这一部分解释了指导的要点，包括教学领导在指导过程中的一些问题，指导的目的是鼓励教师们在实践中反思。

教学领导方式：这是最综合的一部分，描述了克服挑战和消除教学差距的过程中使用的策略和技巧。

结果：这一部分解释了发生的事情以及教学领导方式对教与学的影响，主要目的是理解和加强改进教学领导能力的基本实践。

拓展：这一部分提供了拓展有效教学领导的影响的机会。

行为理论："如果……那么……"的陈述把领导的策略和实践相结合，这对于教学领导的成功至关重要。

成功故事1　学习如何以团队的形式工作

教学领导：五年级主任。

时间：6周。

教学领导的挑战：领导年级小组的最大挑战是缺乏合作和动机，教师们都很有经验又相对独立。很多的会议都很消极，尤其是当年级主任展示测验数据时。在这样的情境中，要求三年级至六年级的小组分析33%的小学生在问题解决方面有困难的原因。一些五年级的教师觉得问题在于低年级是如何教授知识的。而其他的教师认为新的数学课程不能让学生掌握问题解决的技巧。还有一些教师不愿意分享他们的观点。

指导要点：校长要求教师们关注学生的问题解决能力，而实现这一过程需要团队的合作。思考一下：你是教师小组的一员时，需要什么来支持教师的合作？领导如何让每个人都参与其中呢？

教学领导方式：

• 当团队有更多的时间时，安排第一次会议。这次会议的目的是在先前的五年级州立考试中寻找学生解决问题的样例，并共同分析学生有困难的地方，会前分发学生的作业。

• 运用3轮的合作草案来促进会议的开展。第一轮中，教师3人成组，每个教师有5分钟的时间阐述他的分析。第二轮中，每个小组都要想出学生在问题解决方面的3点诊断性评价。第三轮中，每个人都要分享他们的发现。年级主任负责记录，教师们轮流表达意见。

· 整理小组的诊断性评价，并在第二天向五年级的教师和校长分发。

· 召开3次后续的年级会议，每个年级会议的着眼点就是如何提高学生解决问题的技能。

结果：五年级的教师们共同分析教授问题解决技能的改革需求，他们的计划中包括的新教学方法有：

· 学生们需要给出优秀文章的案例，并让学生说明这些文章优秀的原因；

· 学生们在课堂上有更多的时间应对数学问题，之后教师再进行讲解；

· 教师鼓励学生们分享他们的问题解决策略，在接下来的几周，从学生的作业和形成性评价中发现，学生们取得了一定的进步。

五年级主任的反思：

· 他觉得这两个小时的会议是自己开过的最好会议，最后，教师们能够共同工作，草案的运用能够让人们表达不同的想法；

· 紧接着的后续会议让教师们有机会尝试新的方法、互相学习并为有效的教学方法努力；

· 并不是每个年级的会议都这么完美，但大家共同工作的积极性确实被调动起来了。

拓展：年级或部门会议的脱节决定了教师们需要合作和凝聚力来进行教学改革。这名年级主任很好地运用了评价信息，也就是学生的作业。年级主任并没有关注多少学生在问题解决方面有困难，而是着眼于教师的教学方法。这为教师们的参与敞开了大门，也帮助五年级的教师们改进那些无效的教学方法。

行为理论：如果我能够让教师参与到对学生有益的事情中去，那么我就更有机会帮助他们进行团队合作来改进教学方法。

成功故事2 提高毕业率，为成功做计划

教学领导： 高中校长助理，九年级至十二年级。

时间： 12个月。

教学领导的挑战： 在一所水平较低的高中内，校长助理监督了部门主任在学术、特殊教育以及咨询服务方面的4个核心。他所面临的来自校长的最大挑战是通过调整提高学生的毕业率，这主要面向九年级学生。他们的目标是确保学生掌握了知识和技能。校长说这是校长助理在新学年的首要任务。

指导要点： 这是一项复杂的提议，其中包括了很多互相关联的变量。校长助理需要画出一个表格，把每一个受成功计划影响的人联系起来，并思考这些关系为九年级带来的启示。用这一思考模式来开发你的教学领导计划和策略。为了成功，计划小组需要做些什么？校长将如何参与其中？高中的教职人员如何参与其中？你需要对自己的工作做出什么改变？

教学领导方式: 5月和6月。

• 当校长助理、校长以及6名部门主管提出成功计划时，成功计划的提议在学年的最后两周开展；

• 在每次和校长助理的会面中，校长都会对计划做出调整。

整个夏天。

• 咨询部的主任和八年级的学校顾问找出了25名在学术方面有困难的八年级教师，5名教师被列入候补清单，目标小组包括15名普通教育的学

生以及5名特殊教育的学生；

• 科学、数学、英语、社会研究以及特殊教育部门的主任选出部门中的一名优秀教师教授目标班级，在某些情况下，这名优秀教师就是部门主任；

• 成功计划小组由校长助理、部门主任和优秀教师组成，一共10人；

• 用3天的时间和部门主任以及优秀教师共同开发干预项目，其中包括建立以学生为中心的学习的共同认识、课程调整、特殊教育咨询教师的模型、电子进程报告、两月一次的小组会议以及成功计划小组的专业交流机制；

• 咨询部的主任开发了一个支持项目来为个人和小组向目标学生提供服务，支持项目增加了教师与学生和家长、监护人的接触时间；

• 修改每天的日程，这样成功计划小组的所有成员能够一起吃午餐，并在周五下午的最后两个阶段免除教学义务。

9月到6月。

• 在第一次员工大会上向成功计划小组和项目介绍20名九年级的目标学生，教师们可以提出问题；

• 5名成功计划小组教师每天一起吃午餐，并利用这个时间对学生进行讨论并解决问题；

• 在每周五的下午和成功小组成员会面80分钟，每次的会议日程是一致的，包括20名学生的学习进程以及成功教学方法和学习条件的交流，如果有可能的话，教师们跨学科地进行学习，课堂观摩、形成性评价、学生作业和教师的努力是电子进程报告的基本内容；

• 咨询部的主任每学期至少和每位学生以及家长、监护人见一次面，成功计划的学生可以随时进行额外的咨询，顾问和团队的学生们经常见面；

• 收到目标学生的每日参与报告，并和家长、监护人提供后续报告，掌握所有的纪律问题；

• 2名学生退出了成功计划，从候补名单中选出2人填补。

初步结果：在第一年后，16名成功计划学生通过了九年级以及4项专业课程。其他4名学生需要暑期班的学分。跨学科小组就像一个真正的小组一样。成功计划小组可以设计这个项目并选择他们认为对学生最有益的教学方法，比如增加基于计算机的诊断性教学。人们能够相信这一干预计划能够帮助学生度过他们在高中的第一学年。

高中校长助理的反思：

• 感受优秀教学和团队共同合作的紧密结合，这让这项干预计划得以成功，如果没有支持的条件，那么我们就不能确保计划能够成功；

• 和教职员工的交流是至关重要的，虽然成功了，但是一些教师仍然会觉得成功计划小组受到了特别对待，我们需要认识到教师们的这一想法。

拓展：关于学校如何为学生的成功进行组织安排，我们还需要学习很多。教师和教学领导通常团结合作，因为他们会在教与学的过程中遇到太多的阻碍和挑战。助理校长通过基于学生学习的共同愿景构建了成功计划，并需要为教师们的共同合作调整日程安排。这里包含了两个改变学校文化的因素，助理校长通过两个独特的方式调整了领导责任：一是提供了每个人都能参与进来的面对面交流的时间；二是相信教师们可以帮助有困难的学生顺利毕业。

行为理论：如果我想让教师们更加主动而有前瞻性，那么我需要和教师们共同设计一个学习愿景，来创造条件支持他们的努力，比如创造会面的机会。

成功故事3　团队学习更多教学知识

教学领导：三年级主任。

时间：5周。

教学领导的挑战：在学年开始，小学校长让每个年级选择一个教学领域进行研究。除了每周的课程计划、40分钟的年级会议外，校长还在10月额外添加了一次半天的会议让大家进行研究。在1月末，每个年级小组在第二次的半天会议上分享他们的研究成果。研究的目的不是提高测验成绩，而是改进教学方法，三年级小组决定研究科学课的教学，三年级的主任所面临的问题是如何促进4个月的科学课教学的研究。

指导要点：这一挑战给三年级教师共同学习更多教学知识提供了机会，如果没有提高成绩的压力，那么教师们就可以着眼于自身的专业学习之上。你将如何利用这次机会共同学习？你和教师们将如何找时间完成这些事？

教学领导方式：前两次的三年级小组会议主要致力于制订学习更多科学课教学知识的计划，邀请了初中和高中的科学部主任参加了这两次会议，教师们需要思考最能影响他们学习的相关条件，比如共同学习的时间，这些就是教学领导需要努力为教师们营造的条件。

通过科学部门主任的引导，教师们列出了一系列可行的研究活动，并在接下来的4个月中共同实施：

- 讨论相关问题来引导科学课教学的研究；
- 阅读全美科学教师协会的基础科学教学的立场声明；
- 观看30分钟的基础科学课程教学的在线研讨会；
- 参加半天的科学讲习班，由一名知识丰富的科学课教师负责；
- 观看两个科学公开课视频；
- 基于新的知识，同一名教师同时开发和教授一节科学课；
- 每个年级召开30分钟的会议来讨论科学课教学。

开发4个月的小组会议日程来讨论每个研究活动，大部分的活动需要两次会议进行讨论。

促进开发那些能够指导科学课教学研究的问题。比如，研究如何阐述基础科学课的教学？我们科学课大纲的哪些方面和这一看法一致？我们需要做哪些改变？

在10月，和科学部主任以及地区科学部主任找到某位教师来教授半日的讲习班，这个人是附近学区的基础科学课教师。

促进小组思考并讨论多媒体条件下的基于调研的科学课程。

让教师们在4个月的研究中记录日志，这样，教师们可以在年级会议上时不时地回顾自己的日志。

结果：三年级教师学习科学课教学并逐渐提出了科学课教学的愿景。通过探索和调查来学习科学课是这一愿景的基础。很多教师购买了基于调研的科学课教学的相关书籍，并和同事们分享他们的看法和课程建议。部门主任得到了校长的许可，允许教师们观摩附近小学教师的教学。学校制定了初级科学大纲作为典范。在学校的最后5个月中，年级领导为教师们召开会议来提高彼此的科学课教学能力。一些教师甚至找到了观摩彼此课堂的方法。

三年级主任的反思：

- 三年级主任赞扬校长要求教师们学习更多教学知识的决定，他觉得如果没有校长的领导，教师们可能不会学习更多的教学知识；
- 他想用同样的方式示范专业学习来教授初级科学课——通过合作调研，学习更多科学课教学知识的条件是用问题来引导学生进行调查，经验是最好的教师；
- 没有意识到教师们从未共同观摩过一节课，这一经验可以帮我们更好地讨论科学课的教学；
- 最好不要超出教师的能力范围，调研活动可行的原因是教师们在特定的时间和日程中完成这一活动。

拓展：至少在这4个月的研究中，三年级教师的教学文化得到了改善，当询问如何让学生学会思考时，当代心理语言学家弗兰克·史密斯（Frank Smith）这样说："不要教学生如何思考，要为他们提供可思考的事情。"同样的逻辑也适用于帮助教师学习教学。教师学习更多教学知识的益处是能够帮助他们改进教学方法。三年级主任的真正工作是与教师们共同实施基于调研的科学课教学。年级主任已经帮助和支持教师们来思考和寻找更适合学生学习科学课的方法。

行为理论：如果我希望教师们学习更多的教学知识，那么我必须帮助他们从过程中学习，而不只是寻找最好的实践。

成功故事4　用学习来引导学习

教学领导:教学主管助理。

时间：10个月。

教学领导的挑战：学区建立了两个领导小组，即K-6年级和七年级至十二年级。每个领导小组都有一名教学主管助理带领，并在一学年中的每个月召开几次会议。教学主管助理的挑战是学区学校领导共同工作来改进学生水平的能力，他希望教师们能共同学习。

指导要点：有效的教学领导能力对于学校的成功至关重要。你将如何建立这些领导者的知识和技能？你将如何在每个月90分钟的会议中通过实现教师们的最大化学习来加强教学领导能力呢？

教学领导方法：

开发一个由4部分组成的会议结构，并在整年使用。

• 会议开始时讲述教学领导的成功故事，你会怎么运用你所学到的知识? 用时10分钟。

• 看一段10分钟的教学片段，并讨论教学与学习的证据，用时30分钟。

• 讨论7项加强教学能力的原则中的其中一项，用时30分钟。

• 找出一个在实践中与改进教学领导能力有关的问题，用时20分钟。

整个学年使用这次会议的模式。

寻找教师们在工作中共同运用所学知识的证据。

结果：两个领导小组共同合作来改进学生水平的能力不仅体现在会议中讨论实践问题的时候，也是学校领导把他们所学的知识运用到学校实际的证明。

教学主管助理的反思：

• 这次经历是他第一次持续地开发教学领导力，并亲力亲为地改进教与学的过程；

• 学校领导和员工的反馈说明领导力的发展对于教学领导来说产生了很大的影响；

• 小组最大的成就是开发了广泛共享的良好教学愿景。

拓展：当教学领导共同工作来加深他们对领导学习的理解时，整个学区都会受益良多。当教学领导和教师共同改革教学方法时，学校领导必须共同改革他们的领导方法。教学领导和全体师生一起努力，就能进行更有效的教与学的改革。

行为理论：作为教学领导，如果我想让学校领导更积极地参与其中，那么我就要立足有效的教学实践——模仿我所期望的行为和实践。

成功故事5　测试准备和教学

教学领导：中学校长，六年级至八年级。

时间：10个月。

教学领导的挑战：中学校长面临的最大挑战是如何帮助教师们为学生创造更好的学习机会。他希望看到学生们成为独立的学习者。事实上，他看到在很多课程上，教师们完成了大部分的思考和谈话工作。虽然学生们在过去两年的州立测验上的成绩有所提高，但是很多课程仍然是应试性质的。他很担心提高学生成绩的压力决定了教师对教学方法的使用。

指导要点：优秀的教师细致地制订教学计划并选择最好的教学方法。担心考试成绩的教师可能会根据不同的原因选择教学方法和策略。你如何理解教师教学方法的选择这一敏感话题？教师们如何看待自己正在使用的教学方法？提高学生成绩的压力是否是问题的一部分？什么影响了教师对教学计划的决策呢？

教学领导方式：阶段1。

私下和一些教师领导谈话，这些教师领导主要包括年级和部门主任，谈话的目的是弄清楚教师们对于自己使用的教学方法的感想。大部分人都认为他们和教师在为学生准备测验方面和以学生为中心的教学法上花费了太多时间。需要更多地关注通过增加形成性评价和阶段性评价的数量来提高学生学习水平的相关策略。

与主管和教学主管助理见面，并解释自己打算和教师们一起完成的事情。

在10月的教职工大会上，校长告诉大家他要和每位教师单独见面，并讨论增加测验对教学方法的选择和整体教学的影响。这次见面不会成为年度专业水平审核的一部分。

在10月、11月和12月，与每位教师完成个人会面。

阶段1的结果：校长发现大部分教师对于为学生的测验做准备和分析结果的过程会花费大量时间而感到沮丧。他们认为教学领导的时间已经因为测验而减少。因为缺少教学实践，一些教师甚至希望停止这些安排。有利的方面是，很多教师感受到形成性评价确实可以帮助他们发现学生的需求。

校长的反思：

- 我们需要找到稳定提高学生在州立测试中的成绩和更多以学生为中心的教与学之间的平衡点；

- 虽然教师们和我不能改变标准化测试的体系，但是我们能够通过改变我们自己来适应这一体系。

教学领导方式：阶段2：

- 在1月的第一次教职员工大会上，教师们讨论了测验是如何影响教学和教学实践的。每个小组都有六年级、七年级和八年级的教师。

- 让教师们在2月和3月的年级和部门会议上继续进行讨论，提议要围绕着两个指导性问题：（1）我们可以用什么样的方式让学生为评估做准备，而不是妥协于以学生为中心的教与学？（2）我们如何帮助学生成为独立的学习者？

阶段2的结果：下面是年级和部门教师在4月的教职工大会上提出的最佳建议。

- 不要把以学生为中心的教学方法调整为标准化测验。相反，通过等量混合评估信息来加强教学计划，能够把对测验的准备融入课堂。比如，教授科学课的学生理解并明白如何应用科学的相关知识，而不是死记硬背。

- 增加策略教学的应用，尤其是结合形成性评价发现学生的不足。更多的模型、示范以及对实践的指导能够让学生学会一些独立解决问题的策略，这对于他们在各种形式的学习中取得成功至关重要。

- 教会学生如何独立完成任务，让学生学会独自思考和学习。

- 在准备测验的时候，帮助学生认识到整个单元的教学已经帮助他们为州立或学区的评估做好了准备。

- 增加以学生为中心的相关活动，来帮助他们彼此学习那些困难的技巧和概念。其中的一个方法就是组织课上学习小组。

- 我们不能改变体制，但我们可以改变应用体制的方法。

校长的反思：

- 课堂观察能够成为教师们实施一些提议的证明。
- 角度的转变：从被动到主动，这会带来不同的结果。

拓展：为学生创造更好的学习机会有时就意味着为教师创造更好的学习机会，比如批判性的学习机会。校长没有解决测验困境的方法，但是他很聪明的地方在于和教师们共享教学领导力。这个成功的故事说明了为什么教学领导需要为教师们营造安全的氛围来讨论一些平时私下才会讨论的问题。提高成绩所带来的压力有时候会决定教师和行政人员使用的方法。

行为理论：如果我想让教师们为改进教学负更大的责任，那么我有时需要让教师们用他们的方式进行，并支持他们在这一过程中付出的努力。

成功故事6　对教师的指导

教学领导：小学校长，K-5年级。

时间：3年。

教学领导的挑战：学区获得了3年的科学、技术、工程和数学的联邦补助金，补助金中的一部分被用来在K-5年级小学增加两个全职的指导员。这一活动的目标是改进科学课程的教学。指导员不能直接服务于学生。校长鼓励现任的员工申请指导员这一职位，但是没有人申请。两名雇用的指导员是有经验的教师和教学指导。一名指导员负责K-2年级，另一名负责三年级至五年级。校长所面临的最大挑战是如何让教师都参与到指导活动计划的制订和实施的过程中来。

指导要点：教师们之前没有和教学指导员共同工作的经验，为了更加有效，这一指导活动需要教师和指导员共同计划和开展。校长面临的最大挑战是促进计划的实施，并形成有效的课内指导。你认为教师们会对这一指导活动有什么担忧？作为校长，你怎么看待自己在这一过程中担任的角色？

教学领导方式：

5—6月的员工大会上，所有的教师参与到关于指导项目的首次讨论中。教师和指导员的期望是这次讨论的一部分。目标是开发一个3年的指导计划，旨在提高科学课程的教学。这一3年的计划包括指导员的工作内容、教师参与的指导方针、科学课程和研究方法、评估计划以及每个月指导员和各年级教师的30分钟会面。

小组在夏天完成了这个3年的草案。这个小组包括校长、每个年级的教师代表、初中和高中科学部主任以及两名科学课指导员。在接下来的3年中将稳定地执行这一计划。

9—10月的员工大会上，教师和指导员回顾这个3年的草案，并找出对其中不理解的地方，并进行适当的修改。最终，全体教师一致通过这一计划。

指导员花了两个月的时间了解教师、观摩课堂、回顾科学课程大纲、帮助教师们实施长期的科学课程计划，并在年级会议上制定灵活的日程安排。

在这3年中，校长要尽可能多地和教师以及科学课程指导员见面。

结果：第一年主要制订科学课的课程计划以及教师们正在使用的教学方法。在这一年中，教师和指导员们以小组或年级为单位会面，并讨论科学课程的教学。很多教师需要示范他们的课程，这也是第一年的计划之一。年末的员工大会上展示了第一年的科学课程指导亮点。第二年主要提供课堂支持以及个人和小组的指导会议。科学课的指导人员和教师共同合作，并在观摩课堂之后给出反馈。所有教师每个月至少有两次30分钟的时间和指导员见面。第三年继续进行指导课程和课堂支持，但是更加关注拓展发现学生不足的方法，比如总结自己的发现。教师们用州立测验找出学生的不足。教师们通常共同寻找新的方法。校长编辑学生成绩的评定，并与员工们共同分享。在提高学生的学习成绩、发现有效方法以及科学课教师的信心方面取得了积极成效。

校长的反思：

• 如果所有教师不能参与进来，那么这一计划就不会成功，教师们被给予了时间和帮助来适应这一指导过程；

• 教师的合作永无止境，教师们不断地彼此指导，来分享他们的想法并提供建设性的反馈。

拓展：这位校长明白教学领导改革，他知道所有教师认为的指导应该排在改革的第二位。校长提供了额外的面对面交谈、共享决策制定以及课堂上的支持，来帮助教师改进他们科学课的教学。校长制定了现实可行的目标，这样教师们可以加深自己对科学学科的教与学的理解。教学方法并不是重叠的，而是通过教师和指导人员的互动来进行开发。因为教师们的教学方法得到了改进，所以学生们学到了更多的知识。

行为理论：如果我想帮助教师们进行教学改革，那么我必须愿意改变自己作为教学领导的所作所为。

成功故事 7　合作和同伴观摩的积极影响

教学领导： 高中数学部主任，九年级至十二年级。

时间： 5个月。

教学领导的挑战： 部门教师乐意走进彼此的课堂，但是他们从来没有共同进行课程设计，或者参加结构完整的同事观摩活动。主任的最大挑战是支持教师们改进自己的课程和教学方法。

指导要点： 教师们表面上支持团队合作，但在大部门的教学文化中，我们很少能看到真正意义上的合作。共同设计课程的机会以及同伴观摩和反馈的机会能帮助教师们进行教学上的合作。你将怎样和部门教师共同构建积极的人际关系？你将如何促进和指导这一合作过程？促进同事观摩需要什么条件？

教学领导方式：

- 学区致力于在所有年级和学科中改进课程设计。

- 腾出时间在两个部门会议上讨论优秀课程的组成部分，每位教师分享他们课程设计的成分，所有教师都认同把同事观摩和建设性反馈加入其中。

- 部门主任教授一堂课，两名教师观摩。

- 课程结束后，3人小组会面并讨论这一课程，教师们观察中得出的反馈用来改进课堂，并由其中一名教师再次讲课。

- 观摩的教师需要在观察课堂时记住两件事情：什么对学生有效？这堂课可以怎样改善？

- 总结课堂中得到的成果，并和部门中的每位教师共享。

- 在接下来的两次部门会议中完成后续的报告，教师们广泛讨论这一过程的优点以及如何用这一过程促进未来的教学。

结果：在这个学期，每个数学部的教师都在同事的观摩下教授了一节课，并观摩了他人的课程，同时他们还至少为一名教师提供了建设性的意见。这得到了教师们的积极回应。这一过程特别专业，并引起了很多课程的调整。

部门主任的反思：

• 冰块已经被打破，我需要利用在同事观摩和合作课程设计中所发生的一切；

• 教师们和我需要花费更多时间来学习教学，并思考共同改进课堂教学的方法；

• 我需要更多地走进课堂。

拓展：教师们通常没有意识到同事的教学方法，当教师们向他人开放自己的课堂，就意味着他们为改善教学方法担负起了更大的责任。

行为理论：如果教师们和我从课程合作以及同事观摩中学到了更多知识，那么我们就更容易帮助彼此改进教学方法并解决教学问题。

成功故事8　帮助学习能力弱的学生达标

教学领导：中学校长助理，六年级至八年级。

时间：10个月。

教学领导的挑战：中学实施了一系列的方法来提高学生的学习水平，比如新的学习中心以及拓展的指导服务。在去年，八年级的学生在英语语言艺术、数学和科学课中没有达到目标。校长助理的最大挑战是和教师们以及专家们帮助学生达到标准并取得进步。

指导要点：找出为达标的学生接受教学的方法，在每个授课系统旁边，写下这一过程是否包括普通教育教师、特殊教育教师或两者兼有。这个表格对你的教学领导实践有什么启示？如果需要做出调整的话，你想对自己的教学领导工作做出什么调整？你能预见到什么样的问题？

教学领导方式。

• 和英语语言艺术、数学、科学课以及特殊教育部门的主任见面，让他们写出一张包含特殊教育和普通教育教师的清单，这些教师对未达标的学生有着共同的看法。他们作为一个小组共同合作找出未达标学生的特殊需求。

• 和部门主任以及各年级的每个教师小组见面。询问的第一个问题是：我们可以对未达标学生提供什么帮助？

• 为每个小组确定3个基本功能：（1）运用个人教育计划和针对学科的作业来找出每个学生需要学习的能力，并让他们取得进步；（2）每周见面40分钟来分享学生的活动，这个时间要写入学校的日程安排之中；（3）共同开发有效的教学方法和策略。

• 校长助理和特殊教育的管理者每5周观察一次学生的进步情况。

• 在第一年，和每个小组见面4次。

• 很快找到了问题所在。

结果：小组主要在4个方面寻求支持：（1）对学生作业的期待；（2）行为问题；（3）测验修改；（4）文书作业。普通教育和特殊教育的教师在教学大纲、课程计划、形成性评价以及教学方法、策略和技术方面共同合作。在一年之后，学生们在语言艺术、数学和科学课方面能够安全达标。

校长助理的反思：

• 因为小组有一个共同的结构来促进沟通、合作并快速地解决问题，所以这样的小组对教师和学生来说大有益处；

• 尽管教师们对学生的不足的期望存在不同，但是普通教育和特殊教育的教师们并没有感到沮丧，比如，普通教育的教师没有感觉到自己在教学和大纲中走下坡路；

• 我明白了调整我的领导实践来支持教师们的合作是多么重要，我花了很多时间来帮助教师们互相信任。

拓展：校长助理在学年的开始做了一个重要决定，就是和普通教育以及特殊教育的部门主任紧密合作，让普通教育和特殊教育的教师们共同合作、共享教学领导力是至关重要的。有特殊需求的学生和教师、专家们定期合作。这一模型已经开发了很多年，但缺少的是所有专家协调彼此的努力，为学生创造最大的利益，这就是教学领导面临的挑战。

行为理论：如果我想确定学生们达到了标准并取得进步，那么我要确保教师和专家们有共同合作的方向，并得到了相关支持。

成功故事9　提高学习的掌握水平

教学领导：高中校长，九年级至十二年级。

时间：两年。

教学领导的挑战：目标是提高高中学生在4个学术方面达到本地和州立评估的精通水平的数量。高中校长的最大挑战是帮助九年级至十二年级的教师提高他们的认识。

指导要点：这不是一个普通的挑战，你要做的是给大部分教师的教学方法带来影响。有利的方面是，你的目标并不在那些没有成效的教师，而是要帮助优秀的教师改进他们的教学方法。关于教学文化和支持教学改革的条件方面，你有什么样的担忧呢？从哪方面开始着手才能更有逻辑性？你将如何说服教师们进行改革？

教学领导方法：第一年。

• 组成一个学校改进小组，小组成员主要有普通教育和特殊教育的教师、部门主任、学校顾问、助理校长和校长本人。大家共享从3年前开始的精通水平的数据。在4个核心学术领域中，学生们达到精通水平的平均百分比为24%。学校的目标是在第二年年末把百分比提高到40%。

• 运用通常的样板来指导讨论和行动，每个部门需要描述学生们达到精通水平需要的相关事宜，并为学校改进小组开发一个行动计划。

• 通过学校改进小组的建设性反馈来修改并加强这一行动计划。

• 支持的条件包括为专业发展和来源提供小额奖金、替班时间来保证教师们能够进行同事观摩以及深入的课程研究等。

• 在每个班级和学生们讨论精通水平的学习，学生们参与到形成性评价和目标制定的过程中。

• 在每个月的学校改进小组会议上，提交进程报告并不断更新。

• 校长、助理校长和部门主任花费更多的时间参观课堂，并在教室中和每位教师谈话。

• 每个部门和学校改进小组成员的年末反思被编进精通水平改革进程报告中，并让教师们在夏天阅读。

第二年。

• 新的部门目标包括拓展和改进所有部门和年级的教学计划、策略，在基于技术的学习中创新，比如用计算机解决问题，应用计算机模拟以及高思考水平的游戏等，举行额外的科学和数学社团活动等。

- 增加和教师面对面交谈的次数。

- 在员工大会和每周员工实时通信中强调达到精通水平的目标。

结果：在第二年年末，这所高中达到精通水平的学生数量得到了提升，并完成了目标的40%。学生们通过核心学术科目的百分比也在这段时间内得到了提升。教师们在改进教学方法和分享想法、策略方面负起了很大的责任。诊断性教学也就是基于学生的需求进行教学，而不是基于教学的内容和教学大纲。这也将慢慢成为学校教学文化的一部分。小组教学不再受争议。教师们能在全班学习和小组学习中找到平衡点。学生们有更多的机会把课堂上学到的知识和技能运用到实践中。

拓展：当教师们朝着同样的目标努力，当这个目标对学生和教师们至关重要时，就会产生意想不到的效果。校长知道对于教师们来说，改进他们教学方法的最好方法诊断性教学和小组教学能够让他们共同合作、帮助学生达到精通水平并共享彼此的教学策略。这个成功的故事再次强调了教师和学生共同改进教与学的重要性。

行为理论：如果我想把学生们的学习提高到精通水平，那么我就必须支持教师们，并提供合适的条件。

成功故事10　创新的力量：从案例中学习

最后的成功故事和其他故事稍有不同，这个故事讲的不是某个教学领导，而是一些音乐教育者，他们试图彼此学习更多知识。这个故事强调了合作调研对改进方法的重要性。当你阅读这个故事时，思考一下创新在改变教学中的作用和力量。这个成功故事主要是教师们的自我领导，并把实践和有效的教学领导能力相联系。

背景信息：每年夏天，来自各个州的25名乐队指挥会被邀请参加Oatka器乐机构的为期两周的座谈会。除了乐队指挥，200名四年级至十二年级的优秀音乐学生也会参加这个座谈会。学生们会接受个性化的指导，并成为表演小组的一员。这个座谈会是一次学生和教师共同学习的试验。

教学领导：乐队指挥。

教学领导的挑战：在2006年夏季座谈会上，7人的乐队指挥小组需要观察18名指挥与乐队的排练过程。这样做的目的是分析教学和指导技巧，并把他们的发现综合成一系列有效的方式，供所有乐队指挥们共享。

指导要点：这些音乐教育者不需要指导，他们知道对于教师和学生们的互相学习来说，这一过程是多么重要。

教学领导方式：

• 7名乐队指挥、观察员使用的是观察性记事一览表，其中的一项是创新技能。观察者要着重留意创新性，每个人有一台录像机来记录排练过程。

• 其中一名指挥使用的排练方法是这7名观察员从未见过的，当练习一段特别难的音乐时，他把自己的学生分成6～7人的小组。每个小组包含着木管乐器、铜管乐器以及打击乐器。指挥让每个小组找地方来排练这段音乐。他告诉自己的学生聆听他人乐器发出的声音。当各小组返回乐队排练的时候，学生需要分享他们在演奏这段音乐的时候从他人乐器的声音中所学到的。

• 这7名观察员不敢相信自己看到的和听到的，学生们一组一组地分享聆听他人乐器的声音是如何帮助自己更好地与他人合作的。他们谈到了要注意节奏、旋律以及彼此的和谐。这些看法在整个乐队彩排中分享，而观察员也看到了演奏这段音乐时大家的显著进步。

结果：排练方法成了研讨会主要谈论的话题。这名指挥向全体音乐教育者和学生进行了特别的演讲。这个夏天改变了一些乐队指挥家的排练方法以及学生们进行音乐练习的方法。小型团体排练的技巧在今天仍然被使用，并被很多教师和乐队指挥看作是有效的排练方法。

拓展：座谈会的领导知道对于教师和学生们来说互相学习是多么重要，然而，罕见的是，乐队指挥和学生们都是学习者。当教学领导和教师们共同改进教学方法时，人们常常忽略这一点。学生们很少参与到改革的进程中。座谈会的组织者认识到的事实就是这一过程能帮助大家学习改进教学的相关知识。和课堂教学一样，人们通常关门进行排练。在座谈会上，这些大门向其他专业人员敞开，并成为拓展学习的资源。当课堂变成私人空间时，课堂中使用的方法也会变成私人的东西。

行为理论：如果我为教育者提供更多的机会来尝试不同的事情，那么我们就开始理解了教育中创新的作用。

优秀的教学领导能力在什么时候产生

当我们整体回顾这些故事时，它们是教学领导能力实践的优秀案例。这些情节中最重要的是教学领导们如何应对自己的工作。工作方式和成功一样重要。

不管何时，当教师们在工作中有时间进行学校改革时，优秀的教学领导能力就产生了。改进的工作不能一蹴而就。在每个成功的故事中，教学领导们尝试了每件事情来确保日程安排并保证教师们能够共同工作。我们不能忽视实践对于实现教学目标的重要性。

无论何时，当和教师们面对面沟通的次数增加时，优秀的教学领导能力就产生了。教学领导必须尽全力确保教师们知道为改革付出努力的原因和方式。困惑的教师们不能带来有效的改革成果。发邮件在通知公告、日程安排和报告等方面可能有效，但是在明确误解和解决难题或应对困难方面没有什么效果。

无论何时，当教师们及时地获得了有效支持时，优秀的教学领导能力就产生了。当教师们在改进教学方面开始着手工作时，他们需要得到一定的支持来帮助他们实现目标。有效的教学领导发现教师们并不总是能够制定前进过程中的相关决策。这些成功故事中的教学领导都为教师们实现自己的目标提供了有效的支持。

无论何时，当教师们把课堂当作学习更多教学知识的根据地时，优秀的领导能力就产生了。教师们观摩彼此的教学并讨论学到的知识，看到学生们共同学习与学生们交流时，他们关于教与学的理解得到了加深，并在开发更好的教学方法的道路上前行。在很多成功的故事中，课堂就是提高教师专业学习的根据地。

无论何时，当教师们有能力自己进行改革方面的努力时，优秀的教学领导能力就产生了。教学改革的责任应该由教师们自己担负起来。多年来，对于专业拓展的错误引导以及自上而下的学校改革让教师们很难满足学生们改进学习的需要。这些成功故事所揭示的恰恰相反。优秀的教学领导能够帮助教师们找回他们对自己改进教学能力的自信。

无论何时，当教师和教师领导们有机会引领教学改革时，优秀的教学领导能力就产生了。很多成功的案例都解释了校长和助理校长如何和教师领导们共同合作的。这些行政人员让教师们更有效率地和同事们共同工作。

当教师们根据改革的量级理解了教学领导实践和责任时，优秀的教学领导能力就产生了。优秀的教学领导从不小看教学改革，他们发现自己对教学改革的迫切想法能够给教师带来影响。但这并不意味着他们要对之前的反对迹象妥协。相反，他们开始产生了更好的理解并能够调整自身的领导能力，最后获得更大的成功。

无论何时，当教师的学习经验得到了促进和指导时，优秀的教学领导能力就产生了。当教师们能够根据学生的学习需要发现改进自身教学方法时，他们就能取得成功。我们要相信教师的学习能够促进学生的学习。

无论何时，当教师和行政领导反思自己的所作所为时，优秀的教学领导能力就产生了。反思性实践为更好地制定决策、在行动中思考和在错误中学习提供了机会。教学领导的快节奏生活让它们忽视了反思的重要性。所以，反思是教学领导能力的好伙伴。每个成功故事中的教学领导都把个人的反思看作自己专业发展的源泉。

利用你的优势

阅读表8.1中的每个教学领导能力实践的指导要点，在你认为自己在教学领导能力实践中有优势的地方写"X"。你写"X"的地方必须能在你的教学实践中找到证据。在你认为自己需要改进的地方写"O"。当你完成这项自我测评后，思考一下作为一名教学领导，你将如何运用自己的优势进行改进。

表8.1 典型的核心教学领导能力实践

教学领导能力实践	X/O	指导要点
提高你对学习的理解。		你的工作是否是基于学生学习方法的研究而展开的？
		你是否把课堂当作学习的实验室？
		你是否观察学生的学习，并和他们探讨获得最佳学习的方法？
确定一个广泛认可的学习愿景。		你是否和教师们共同开发了一个关于学习的愿景呢？
		你是否运用这个愿景来指导教学项目从计划到实行的全过程呢？
		你是否寻找过愿景到日常实践和拓展活动中应用的证据呢？
尽可能多地走进课堂。		你是否把课堂观摩排在日程的第一位？
		你是否能够保护好待在课堂的时间？
		一旦进入课堂，你是否有坚如磐石的计划让自己不被打扰？
		你是否能把不必要的责任安排出去？
帮助教师学习更多与教学相关的知识。		你是否鼓励创新？
		你是否重视优秀的教学？
		你是否为教师的共同工作安排时间？
		你是否为专业调研所需要的资源和工具提供相关支持？
		教师的学习是否基于课堂？
提升你对学校教学文化的理解。		你是否通过对成功和挑战的反思学到了教学文化的运作方式？
		你是否运用学到的知识来加强合作并找出误会和阻碍？
提升你对领导能力改革的理解。		你是否在开始一项新的目标之前决定了教师感知的改革量级？
		你是否根据改革的量级调整自身的教学领导能力？

续表

教学领导能力实践	X/O	指导要点
和教师共同改革对学生无效的教学方法。		你是否了解教师们正在使用的教学方法？他们是如何教授课程的？
		你是否关注要求学生们学习的方式而不只是关注他们学习的内容？
		你是否帮助教师反思他们的方法，而不是只考虑学生做了什么或者没做什么？
		你知道优秀的教师是如何决定使用哪种教学方法的吗？
和教师们共同为学生创造更好的学习机会。		教师们是否发现学生不能成功的原因？
		这一分析是否超出了学生本身或与家庭相关的因素？
		这一分析是否关注方法而不是只关注数据？
		教师们是否被要求重新思考他们使用的方法？
运用数据改进教学。		你和教师是否通过多种来源，尤其是课堂观察和学生作业，来收集信息？
		这一信息是否转变为改革后的教学方法？
开展行为理论。		你是否帮助教师们理解什么是教学改革以及为什么和如何进行教学改革？
		教师们是否有行为理论这一视角？
		你是否有行为理论这一视角？
加强共享的教学领导能力。		教师们是否认为他们在共享教学领导能力？
		你是否在帮助教师领导学习如何促进同事间的共同合作？
		会面是否成为合作和优秀教学的模型？

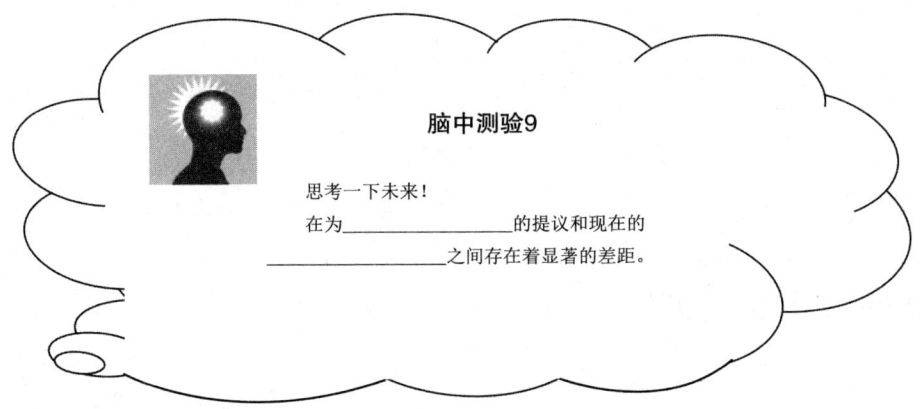

脑中测验9

思考一下未来！
在为_____的提议和现在的_____之间存在着显著的差距。

21世纪的教学领导能力

尽管学校教育学生的责任多年来从未改变，但是委员会和讲习班发生了改变。21世纪的教育需要学校教授的更少，学到的更多。我们提出的教学改革的宽度和深度会超过20世纪八九十年代的有效学校运动。学校相关的主要组成部分将包括：

- 促进相关小组的学生研究现实中的问题；
- 把核心学科和全球化问题相联系，比如经济、媒体等；
- 教师是学习环境的促进者；
- 校长领导持续的教学改革。

21世纪需要的9个教学领导实践：

- 管理的复杂性；
- 领导能力信念；
- 关注改革；
- 评估需求；
- 领导学习；

- 促进改革；
- 示范相关性；
- 制定期望；
- 评估进程。

和教学差距说再见

在教师促进学生学习的有效性上存在着很大的变数。

——柯蒂斯（Curtis）、沃策尔（Wurtzel）

这本书所描述的大部分内容是让教学领导们为学生创造更好的学习环境。除非条件发生了改变，否则学生们会继续做教师和行政人员继续做的事情。然而，发生改变的是对高中毕业生能力的期待，这也是消除教学差距的动机的主要来源。

回　顾

为了有一个更好的看未来的视角，让我们看一下1990—2010年的两个观点：手机的发展；教学方法的发展。随着3G数字网络的到来，手机产业经历了多次的自身改造，现在大家使用的是带有发短信、发邮件、上网以及第三方应用的智能手机，由于2/3的美国人都通过手机联系，美国达到了程度空前的连通性。

在同样的20年中，教学方式受到了现代科技应用（笔记本电脑、线上学习、幻灯片展示以及互动的智能黑板）的影响，教学方法却仍然比较传统,并以教师为主导。基于项目的、调研主导的以及以学生为中心的学习环境为我们带来了一丝希望。遗憾的是,担负着更大责任的压力让教师和行政人员更注重测试的结果,而不是教学的方法。我们想象一下,如果在这20年中,我们能够做到像手机的发展一样研究和创新,那么我们就能为学生创造更好的学习机会。

这并不是说教师和学校没有改进他们的教学方法,他们确实改进了,但是人们很难辨别这一发展的进程。所以,尽管一些学生获得了更好的学习机会,但是大部分学生并没有获得更好的学习机会。为了更好地掌握知识,学生们需要成为自我导向型学习者,并有能力学以致用。这样的学习就需要通过不同方式的教学来完成。

展　望

你是否认为21世纪的学习可以通过现行的教学方法得到拓展和改进?教学领导喜欢用概念性框架。这些框架是否能帮助教师们更好地教学,帮助学生们学到更多的知识?

长时间以来,我的想法是需要为学区的学校建立创新意识。就像最后一个成功故事中的乐队指挥一样,拥有不同背景和学校类型的教师和同学们在夏天聚到一起,和附近的大学教师一起,学习如何改进教与学。这些学校有两个目标:为学生和教师们提供暑期班的经验;成为发展、调研和分享教学方法的孵化器,这也会点燃教与学的热情并为以后做准备。在学区学校的创新下开发出来的方法,可以用来确保没有一个城市的学生在大学的第一年的阅读、写作和数学课上遇到困难。

作为在2009年2月17日写入法律的美国复苏和投资行动的一部分,力争上游这一充满竞争性的项目被建立起来，并在下列的核心教育改革领域中实施。我们要注意的是，没有一个目标是关于教学方法改革的。

• 运用那些能够让学生在大学和工作岗位上取得成功的标准和评估方式；

• 建立数据系统来衡量学生的成长和成功，并告知教师和校长进行教学改革的方法；

• 招募、发展、奖励并留住优秀的教师和校长，尤其是在那些最需要他们的地方。

除了这些目标外，我们还建立了6个优先权，而只有一个优先权包含了学习这个词。这6个优先权是：学校改革条件、创新以及学习。只有在关于学习的创新和相关条件着眼于教学方法改进的时候，它们才能够成为消除教学差距的最好方式。

改进教学的真正工作需要在课堂中完成，需要有能力的教学领导和有创造力的教师以及对学校文化的理解。这样教师们才会敢于为学生创造更好的学习机会。这就是我们以后要走的路。

试试看：给自己打分

第八章讨论的问题之一就是什么时候会产生优秀的教学领导能力，而教学差距可能会被缩小甚至消除。

不管你是一名新人教学领导还是一名有经验的教学领导，你都需要抓住这次机会来证明你作为教学领导所做出的杰出贡献。

下面是一些方法，试试看：

• 重新阅读每个成功故事，并思考什么时候产生了优秀的教学领导能力；

- 用下面的词来评估自己的每个实践：一直、有时、很少、从不；
- 你是怎么做的？

这里的要点是你完成工作的方法和你工作的内容一样重要。首先你作为教学领导的成功与否取决于教师和教职员工是否愿意共同工作。

最后，你作为教学领导的成功与否取决于你帮助教师们改进学生学习的能力。

领导班子活动

成功培养成功

目　的

首先明确目标

- 每个领导班子成员决定书中的成功故事能够如何影响自己的工作，并以小组为单位找出共同面对的教学领导挑战；
- 设想相关活动来把研讨会学习转移到现阶段教学领导实践中来。

视　角

由于某些原因，教育者们有的时候不喜欢支持他人的成功。也许是因为专业发展中的孤立性或竞争的误导。不管什么原因，教学领导肯定能从同事和其他教育者身上学到知识。

挑　战

- 为了更加有效，教学领导必须愿意与其他教学领导共享策略和方法；
- 教学领导们需要通过彼此帮助来进行改进，就像教师们互相学习一样。

计　划

辅助单项目研讨会的基本步骤：

• 与领导班子成员举行一场60分钟的研讨会，并在一周后召开后续会议；

• 每个领导选择一个成功故事，并把成功故事当作自己的经历，他们需要说出这个成功故事是如何反映自己的教学领导实践的；

• 领导们一个接一个地用自己的故事代替工作中的某些和书中相似的部分；

• 当每个人都有机会分享自己的故事时，小组就运用了同样的方式来反映自己的工作。

个人与团队的联系

• 参与者需要把自己独一无二的关于领导能力的挑战与研讨会内容进行联系；

• 领导班子需要问两个基本的问题：我们学到了什么？作为教学领导，我们要如何运用所学的知识来辅助我们的工作？

最后的反思

是的，消除教学差距是你前所未有的挑战，但是当我们从改革的动态角度看时，就会发现改革可能不需要年复一年地进行。比如说，思考一下国家是如何快速地调整并应对全球经济危机的。教育中，我们需要的是改变我们的理解。

在写这本书的时候，我们可以发现理解的改变近在咫尺。在我们从19

世纪工业实践中的教育系统向新的以学生为中心的学习转变时，我们需要更加强大和更加团结的声音。

作为一名教学领导，你要思考自己是如何帮助教师们消除学校或者学区的教学差距的。你从这些经验中学到了哪些能够帮助你成为优秀教学领导的知识？

作为一名教学领导，下面总结了你努力工作的动力。未来，当你遇到困难或事情进展得不顺利时，你要时刻记住下面的话。

我们尤其要感激那些在教室中日复一日地为学生和教育奋斗的任课教师和学校行政人员。

——古德曼、莎伦、拉波波特、艾迪特斯

附录资源

脑中测验答案

脑中测验1 教学领导；

脑中测验2 为了改进教学方法，教师和我必须把教学方法当作研究对象；

脑中测验3 教学领导工作努力，但不为了意义和学习而教学；

脑中测验4 因为教学是通过长时间的非正式的参与而进行学习的，教学是你通过在文化中成长而获得知识的，而不是正式地进行学习，每个人都上学，所以每个人都学习了教学是什么；

脑中测验5 通过专业发展和在职讲习班；

脑中测验6 和员工的交流；

脑中测验7 在课堂中学习；

脑中测验8 学校改革；

脑中测验9 21世纪，存在。

致　谢

首先，我要感谢在教学生涯中与我共同工作的所有优秀教师、校长以及校长助理。他们每个人都有助于我形成对于教学领导力、指导工作的理解。也正是他们帮助学生们获得了更好的学习机会。

我要特别感谢杰伊·科斯坦萨、安妮塔·克拉克、比尔·戴维斯、安东尼·詹纳维拉以及阿迪斯·塔克。这5位教学领导在书中贡献了他们的"经验之谈"。他们堪称是优秀教学领导的先锋。

我要感谢为我提供帮助的科温出版社的团队帮助初次写文章的我厘清头绪、找到方向。尤其要谢谢黛比·斯塔克（Debbie Stack）。她为我的初稿提供了写作方式上的编辑和建议。

我还想感谢我的好朋友和我在科温出版社的同事，道格·卢埃林（Doug Llewellyn）。他在这本书即将完成时提出了宝贵的意见和建议。我也同样感谢我的儿子，他是一名高中校长。感谢我的女儿克里斯汀，一名艺术融合专家。他们经常与我交流心得。

最后，我要发自内心地感谢我的妻子丹尼诗，她是一名读写方面的专家，也是一名优秀的教师。在我写书和离家远行的日子里，她给了我巨大的帮助和理解。

参考文献

Allen, D. (2001). *Getting things done.* London: Penguin Books.

Alvarado, A. (Speaker) (2005). [Video]. San Diego: San Diego Summer Leadership Institute.

Ambrose, S., Bridges, M., & DiPietro, M., Lovett, M., & Norman, M. (2010). *How learning works: Seven research-based principles for smart teaching.* San Francisco: Jossey-Bass.

Annenberg Institute for School Reform. (1997). *Looking at student work: A window into the classroom* [Video Package]. Providence, RI: AISR.

Argyris, C. (1991). Teaching smart people how to learn. *Harvard Business Review, 4,* 4–15.

Argyris, C., & Schön, D. (1978). *Organizational learning: a theory of action perspective.* Philippines: Addison-Wesley Publishing Company.

Barth, R. (February 2001). Teacher leader. *Phi Delta Kappan, 82,* 443–449.

Bill & Melinda Gates Foundation. (2010). *Learning about teaching: Initial findings from the measures of effective teaching project.* Retrieved from http://www.gatesfoundation.org/college-ready-education/Documents/preliminary-finding-policy-brief.pdf.

Blasé, J., & Blasé, J. (2004). *Handbook of instructional leadership* (2nd ed.). Thousand Oaks, CA: Corwin.

Bliss, E. (1980). *Getting things done.* New York: Bantam Books.

Brown, L. (2011). *World on the edge: How to prevent environmental and economic collapse.* W. W. Norton & Company.

Bruner, J. (1996). *The culture of education.* Cambridge, MA: Harvard University Press.

Cohen, W. (2010, September 1). *Three principles to developing yourself as a leader.* Retrieved from http://www.humanresourcesiq.com.

Curtis, R., & Wurtzel, J. (2010). *Teaching talent: A visionary framework for human capital in education.* Cambridge, MA: Harvard Education Press.

Danielson, C., (2006). *Teacher leadership that strengthens professional practice.* Alexandria, VA: Association for Supervision and Curriculum Development.

Danielson, C. (2007, September). The many faces of leadership. *Educational Leadership,* 65(1). Retrieved from http://www.ascd.org/publications/ educational-leadership/sept07/vol65/num01/The-Many-Faces-of-Leadership.aspx.

Dewey, J. (1938). *Experience and education.* New York: Collier MacMillan Publishers.

Dewey, J. (1965). The relation of theory to practice in education. In M. Borrowman (Ed.), *Teacher education in America: A documentary history* (pp. 140–171). New York: Teachers College Press. (Original work published 1904)

Drucker, P. (1999, March). Managing oneself. *Harvard Business Review.*

Drucker, P. (2006). *The effective executive in action.* New York: Collins.

DuFour, R. (2004, May). Schools as learning communities. *Educational Leadership,* 61, 6–11.

Elmore, R., Peterson, P., & McCarthey, S. (1996). *Restructuring in the classroom: Teaching, learning, and school organization.* San Francisco: Jossey-Bass.

Evans, R. (2001). *The human side of change: Reform resistance, and the reallife problems of innovation.* San Francisco: Jossey-Bass.

Fenton, B. (2011). *New leaders for new schools: Forming aligned instructional leadership teams.* Retrieved from http://www.ascd.org/ascdexpress/vol5/504-fenton.aspx.

Gallimore, R., & Ermeling, B. (2010, April 14). *Five keys to effective teacher learning teams.* Education Week. Retrieved from http://www.edweek.org/ew/articles/2010/04/13/29gallimore.h29.html.

Gallimore, R., Ermeling, B., Saunders, W., & Goldenberg, C. (2009). Moving the learning of teaching closer to practice: Teacher education implications of school-based inquiry teams. *The Elementary School Journal,* 109, 1–18.

Glickman, C. (2002). *Leadership for learning: How to help teachers succeed. Alexandria,* VA: Association for Supervision and Curriculum Development.

Goodman, K., Shannon, P., Goodman, Y., & Rapoport, R., Editors. (2004).

Saving our schools: The case for public education, Saying no to "no child left behind". Berkeley, RDR Books.

Goslin, K. (2010, December 1). *Instructional leadership for the 21st century: Changes in teaching and schooling.* Presented at University of Prince Edward Island Institute, Prince Edward Island, Canada.

Guba, E., & Lincoln, Y. (1981). *Effective evaluation.* San Francisco: Jossey-Bass.

Haberman, M. (1991). The pedagogy of poverty versus good teaching. *Kappan, 73,* 90–294.

Hargreaves, A. (1994). *Changing teachers, changing times.* London: Caswell.

Harris, H. (2002). *School improvement: What's in it for schools.* New York: RoutledgeFalmer.

Harris Interactive. (2009). *MetLife survey of the American teacher.* New York: Author.

Harvard Change Leadership Group. (2006, April 15–16). *Three-day learning lab: Systemic change for student success.* Cambridge, MA: Harvard Graduate School of Education.

Hesselbein, F. (1999, Spring). The key to cultural transformation. *Leader to Leader Journal, 12,* 1–7.

Hiebert, J., Gallimore, R., & Stigler, J. (2002, June/July). A knowledge base for the teaching profession: What would it look like and how can we get one. *Educational Researcher, 31,* 3–15.

Johnson, W. (2008, May 27). *Successfully leading change.* Malvern, PA: Progressive Business Conference. Retrieved from https://www.pbconferences.com/audio/main.asp?G=2&E=1390&I=1.

Kelley, C. (2010, June). *High school leadership teams.* Madison: University of Wisconsin-Madison for the Wisconsin Urban School Leadership Project.

Knight, J. (2007). *Instructional coaching: A partnership approach to improving instruction.* Thousand Oaks, CA: Corwin.

Knight, J. (2009, March). What can we do about teacher resistance? *Kappan, 90,* 508–513.

Kohn, A. (2010, August 25). Turning children into data. *Education Week,* 32, 29.

Lambert L. (1998). *Building leadership capacity in schools.* Alexandria, VA: Association for Supervision and Curriculum Development.

Lambert, L. (2002). A framework for shared leadership. *Educational Leadership, 59*(8), 37–40.

Leithwood, K., Seashore Lewis, K., Anderson, S., & Wahlstrom, K. (2004). *Review of research: How leadership influences student learning.* New York: Learning from Leadership Project, The Wallace Foundation.

Leonard, L., & Leonard, P. (2002). Schools as professional communities: Addressing the collaborative challenge. *International Electronic Journal of Leadership in Learning, 7*(1).

Leonhirth, J. (2010, July 21). Communication mired in modern paradox. *The Daily News Journal,* p. 1.

Lesson Study Research Group. (2010). *Facts about lesson study.* Retrieved from http://www.tc.edu/lessonstudy/lessonstudy.html.

Lewis, C. (2000). *Lesson study: A handbook of teacher-led instructional change.* Philadelphia, PA: Research for Better Schools.

Lockhart, P. (2009). *Mathematician's lament.* New York: Bellevue Literary Press.

Marzano, R. (2009, October 30). *Supervising the art and science of teaching.* Presented at ASCD Fall Conference, Alexandria, VA.

McDonald, J., Mohr, N., Dichter, A., & McDonald, E. (2003). *The power of protocols: An educator's guide to better practice.* New York: Teachers College Press.

National Comprehensive Center for Teacher Quality. (2007). *Lessons learned: New teachers talk about their jobs, challenges, and long-range plans.* Washington, DC: Author.

National Institute of Child Health and Human Development Early Child Care Research Network. (2005). A day in the third grade: A largescale study of classroom quality and teacher and student behavior. *Elementary School Journal, 105,* 305–323.

National Research Council. (2005). *How students learn* (S. Donovan & J. Bransford, Eds.). Washington, DC: The National Academic Press.

Oncken, William, Jr., & Wass, Donald, L. (1999, November/December). Management time: Who's got the monkeys? *Harvard Business Review,* 1–6.

Organization for Economic Co-operation and Development (OECD).

(2011). *Strong performers and successful reformers in education: Lessons from the Program for International Student Assessment (PISA) for the United States.* OECD Publishing. Retrieved from http://dx.doi.org/10.1787/9789264096660-en.

Ravitch, D. (2010). *The death and life of the great American school system.* New York: Basic Books.

Riddile, M. (2010, December 15). *PISA: Poverty not stupid.* Retrieved from http://nasspblogs.org/principaldifference/2010/12/pisa_its_poverty_not_stupid_1.html.

Saunders, W., Goldenberg, C., & Gallimore, R. (2009). Increasing achievement by focusing grade-level teams on improving classroom learning: A prospective, quasi-experimental study of title schools. *American Educational Research Journal, 20,* 1–28.

Schön, D. (1983). *The reflective practitioner: How professionals think in action.* New York: Basic Books.

Seashore Lewis, K., & Wahlstrom, K. (2011, February). Principals as cultural leaders: Principals shape the culture in positive ways when they share leadership and take responsibility for shaping classroom improvements. Kappan, 92(5), 52–56.

Semadeni, J. (2010, May). When teachers drive their learning. *Educational Leadership, 67,* 68–69.

Stigler, J. (2010, June 9). Rethinking teacher accountability—before it's too late. *Education Week, 29*(33), 35.

Stigler, J., & Hiebert, J. (1999). *The teaching gap: Best ideas from the world's teachers for improving education in the classroom.* New York: Free Press.

Stigler, J., & Hiebert, J. (2009). *The teaching gap: Best ideas from the world's teachers for improving education in the classroom* (2nd ed.). New York: Free Press.

Stigler, J., & Hiebert, J. (2009, November). Closing the teaching gap. *Kappan, 91,* 32–37.

Stigler, J., & Thompson, B (2009, May). Thoughts on creating, accumulating, and utilizing shareable knowledge to improve teaching. *The Elementary School Journal, 109,* 1–16.

Takahashi, A. (2000). A current trends and issues in lesson study in Japan and the United States. *Journal of Japan Society of Mathematical Education, 82,* 15–21.

Takahashi, A., & Yoshida, M. (2004). Ideas for establishing lesson-study communities. *Teaching Children Mathematics, 10,* 436–443.

Tucker, M. (2010, March). An assessment system for the United States: Why not build on the best? National Center on Education and the Economy, at the National Conference on Next Generation K–12 Assessment Systems. Retrieved from http://www.k12center.org/ publications.html.

U.S. Department of Education. (2009). *President Obama, U.S. Secretary of Education Duncan announce national competition to advance school reform* [Press release]. Retrieved from http://ed.gov/news/press releases/2009/07/07242009.html.

University of Wisconsin-Madison Teaching Academy. (2008). *Teaching circles.* Retrieved from https://tle.wisc.edu/teaching-academy/peer/tcircles.

van Gogh, V. (1887). *To Emile Bernard. Paris, about December 1887.* New York: Thaw Collection, The Morgan Library & Museum. Retrieved from http://vangoghletters.org/vg/letters/let575/letter.html.

Wagner, T. (2004). *How to use the 7 disciplines for strengthening instruction diagnostic.* President and Fellows of Harvard College, Harvard Change Leadership Group. Cambridge, MA: Harvard Change Leadership Group.

Wagner, T. (2003, November 12). Beyond testing: The 7 disciplines for strengthening instruction. *Education Week, 23, 2*8, 30.

Wagner, T. (2008). *The global achievement gap.* New York: Basic Books.

Wagner, T., Kegan, R., Lahey, L., Lemons, R., Garnier, J., Helsing, D., Howell, A., & Rasmussen, H. (2006). *Change leadership: A practical guide to transforming our schools.* San Francisco: Jossey-Bass.

Waters, T., Marzano, R., & McNulty, B. (2003). *Balanced leadership: What 30 years of research tells us about the effect of leadership on student achievement.* Aurora, CO: Mid-continent Research for Education and Learning.

Wellman, B., & Lipton, L. (2004). *Data-driven dialogue: A facilitator's guide to collaborative inquiry.* Sherman, CT: MiraVia.

Wiggins, G., & McTighe, J. (2007). *Schooling by design: Mission, action, and achievement.* Alexandria, VA: Association for Supervision and Curriculum.

Wisconsin Department of Public Education. (2010, June). *Advancing student learning through distributed instructional leadership: A toolkit for high school leadership teams*. Retrieved from http://dpi.wi.gov/sprntdnt/pdf/distributed_leadership_toolkit.pdf.

York-Barr, J., & Duke, K. (2004). What do we know about teacher leadership? Findings from two decades of scholarship. *Review of Educational Research, 74*(3), 255–316.

"前沿教育"书系书目

《优秀教师培养：和教学差距说再见》
《语言暴力大揭秘：跟网络欺凌说"不"》
《教无止境：让"差生"成功逆袭》
《多元文化：当教师遭遇新挑战》
《家校合作：5个原则读懂教育互动》
《创新教育模式：让课堂"活"起来》
《打造全新课堂：协作式教学探究》
《FNO框架：从学校到名校》（第三版）
《大教育：学校、家庭与社区合作体系》（第三版）
《反思课堂教学：为未来的挑战做准备》（第三版）
《参与度研究：防止厌学的诀窍》
《校长之道：只为成就教师和学生》（第四版）
《教师：如何与问题家长相处》（第二版）
《高能校长的十种身份》
《校长决策力：复杂问题案例研究》
《反欺侮：让学生远离恐惧》
《美国学校的安保与应急方案》
《校园文化：发现社团的价值》
《领导力：卓越校长的名片》
《发掘内在潜力：让教师成为教育家》
《乘数效应：发现学校里的天才》
《课堂内外：打造全方位发展的学生》
《美国教学质量监管与督导》
《思维学校建设之路》
《用数据说话：教学差距调查方法》
《有文化还不够：21世纪数字信息时代的流畅力》